Beltz Taschenbuch 33

W0083270

Über dieses Buch:
Schule soll Wissen vermitteln, soziales Verhalten fördern, zu gesellschaftlichem
Handeln befähigen und ... Spaß machen!
Wann aber hat ein Schüler Spaß am Unterricht? Wenn der Unterricht lebendig
und abwechslungsreich gestaltet ist. Dieses Buch steckt voller Ideen für einen
lebendigen Unterricht in der Grundschule, der Sekundarstufe I und der Sekundarstufe II, fachbezogen systematisiert, mit genauen Angaben zu Voraussetzungen,
Durchführung und Einsatzmöglichkeiten.
Methodische Vorschläge, Variationen für „Standardaufgaben", Auflockerungsvor-
schläge und Ideen für spontane Unterrichtsgestaltung, Vorschläge für
Gruppenaktivitäten und Gruppenbildung: ein übersichtlich aufgebautes, leicht
nutzbares „Handbuch" mit Anregungen für alle, die Wissen spielerisch und
abwechslungsreich vermitteln oder vertiefen und den Schulunterricht nicht
alltäglich gestalten wollen.

Die Autoren:
Dr. Waldemar Pallasch, Diplom-Pädagoge, ist Professor für Pädagogik an der
Pädagogischen Hochschule in Kiel. Dietmar Zopf, Diplom-Ingenieur, ist
Realschullehrer in Husum, Schleswig-Holstein.

Waldemar Pallasch · Dietmar Zopf

Methodix

250 Übungen für den Schulalltag

Besuchen Sie uns im Internet:
http://www.beltz.de

Beltz Taschenbuch 33
1999 Beltz Verlag, Weinheim und Basel

© 1980 Beltz Verlag, Weinheim und Basel
Umschlaggestaltung: Federico Luci, Köln
Umschlagphotographie: © Tony Stone Bilderwelten, München
Gesamtherstellung: Druckhaus Beltz, Hemsbach
Printed in Germany

ISBN 3 407 22033 2

Inhaltsverzeichnis

Die Buchstaben hinter einigen Stichwörtern
(z.B. D / G / S) verweisen auf Fächer, die
besonders angesprochen werden:

D = Deutsch
M = Mathematik
B = Biologie
G = Geschichte
E = Erdkunde
EN = Englisch
F – Französisch
S = Sachkunde

I Begrüßung und Vorstellung

Hallo, ich bin M E T H O D I X !
Ich werde Sie durch dieses Buch
begleiten und ab und zu einige
Bemerkungen machen.
Erfunden und geboren haben mich
W. PALLASCH und D. ZOPF.
Die beiden verantworten auch den
gesamten Inhalt dieses Buches. Wenn Ihnen in diesem Buch etwas
nicht gefällt, oder wenn es Ihnen stellenweise verrückt vor-
kommt, dann schimpfen Sie nicht mit mir - ich bin ja nur Ihr
Vermittler - sondern wenden Sie sich direkt an die beiden.

II Ziele

Wenn Sie das Buch jetzt in der Hand
haben und die folgenden Seiten einfach mal durchblättern, dann wird
Ihnen auffallen, daß das Buch sehr
formal aufgebaut ist. Mit Sicherheit
kommt Ihnen der Gedanke, daß es wie
ein Kochbuch mit Rezepten aussieht. Sie haben Recht, es sollen
in der Tat Rezepte sein.
Nun wird der eine oder andere von Ihnen aufschreien und sagen:
Rezepte für die Schule gibt es nicht.
Ich hingegen glaube, daß das nicht stimmt. Wenn ich mir nämlich
Lehrer in der Schule beim Unterrichten anschaue - und ich kann
das sehr gut, weil ich klein und in der Klasse unsichtbar bin -
stelle ich zweierlei fest:

1) Je länger ein Lehrer in der Schule unterrichtet, desto
   weniger methodenvariant ist sein Unterricht. Das mag auf
   den ersten Blick ein Widerspruch sein, denn in der Regel
   glaubt man ja, daß, je mehr Erfahrung ein Lehrer habe, ihm
   auch mehr Methoden zur Verfügung stehen müßten. Das halte
   ich schlichtweg für einen Irrtum. Ich behaupte vielmehr,
   daß Lehrer über Jahre zwar über ein gewisses Methodenre-
   pertoire verfügen, aber daß dieses Repertoire sehr klein
   und eng begrenzt ist. Das ist etwa so, als wenn eine Hausfrau nur über eine ganz bestimmte Anzahl von Rezepten ver-
   fügt und ihrer Familie immer nur nach diesen wenigen Rezepten Gerichte kocht.

Was der Hausfrau fehlt, ist der Blick in den Kochtopf der
Nachbarsfrau, um auf neue Ideen zu kommen. Und so, wie die
Nachbarsfrau sich ungern in ihren Topf schauen läßt, weil
sie nämlich ängstlich ist und nicht weiß, wie die Besu-
cherin ihre Kochkünste einschätzt, so ist es auch in der
Schule: Man kocht in der eigenen Küche, bruzzelt jahre-
lang vor sich hin, variiert hin und wieder die eigenen
Rezepte, aber grundlegend neue Ideen bleiben aus. Nur der
Duft aus einer anderen Küche veranlaßt hin und wieder die
Hausfrau, auf neue Ideen zu kommen. Und was tut sie dann?
Sie hält Ausschau nach einem Kochrezeptbuch. In diesem
Rezeptbuch interessiert sie weniger die Entwicklungsge-
schichte der Kartoffel oder die chemische Zusammensetzung
der Spaghetti, vielmehr möchte sie konkret wissen, wie sie
aus Kartoffeln und Spaghetti ein originelles, wohlschmek-
kendes Gericht zusammenbasteln kann.

<u>Fazit:</u> Es mag noch so viele wissenschaftliche Bücher über
die Ernährungsweise und über den Sinn des guten Essens geben, wichtig für die Hausfrau ist zu wissen, wie sie es
konkret machen soll.

Dem klugen Leser soll mit dieser Parabel folgendes gesagt
werden: Es gibt eine nicht mehr zu überblickende Anzahl
von methodisch-didaktischen Abhandlungen für den Unterricht, nur enthalten sie in der Regel nicht das, was ein
Lehrer für seinen konkreten Unterricht so dringend benötigt: REZEPTE

Im Gegenteil, bei der Durchsicht solcher - wohlgemeinten -
Handreichungen für den Unterricht wird immer wieder betont,
daß man keine Rezepte für den Unterricht geben könne, da
jede Unterrichtsstunde aufgrund der ach so großen Faktoren-
komplexion anders verlaufe. Natürlich ist das so, aber
ebenso natürlich ist es, daß die Bratkartoffeln von heute
mit Sicherheit etwas anders schmecken werden, als die von
morgen.
Wichtig ist nur, daß man weiß, wie man Bratkartoffeln
überhaupt macht. Und wichtig ist weiterhin, daß man so
viel bescheidene Kreativität besitzt, um das Rezept für
die Bratkartoffeln für den eigenen Geschmack zu verändern.

Zusammenfassend behaupte ich - und das bestätigen meine
Beobachtungen in der Schule - daß Lehrer regelrecht gierig
Ausschau nach neuen Rezepten halten. Sie sind dankbar,
wenn sie neue Ideen für ihren Unterricht erhalten. Und
genau das wollen die Autoren dieses Buches anbieten:
Ihnen Ideen (sprich: Rezepte) geben, die sie natürlich
für sich selbst auf ihre Brauchbarkeit und auf ihren Geschmack hin überprüfen müssen.

Als kleine Anmerkung sei mir erlaubt, auf einen Artikel von J. GRELL (1978) hinzuweisen, der unter der Überschrift "Rezeptfeindschaft - Alibi der Theoretiker" diese Proble-

matik aufarbeitet. Er sagt ver- kürzt folgendes - und ich stimme ihm da vollen Herzens zu - daß die Theoretiker vor Rezepten schlicht- weg Angst haben, weil Wissenschaft mit Rezepten schlecht zu verein-

baren sei und man sich bei der Vergabe von Rezepten auf ein Niveau begibt, das dem Wissenschaftler nicht recht zu- stünde.

2) Schule soll den Schülern Wissen vermitteln, sie soll die Schüler zum wissenschaftlichen Arbeiten anleiten, sie soll den Schülern soziales Verhalten beibringen, sie soll die Schüler zum gesellschaftlichen Handeln befähigen, sie soll Chancengleichheit gewähren, sie soll lebenstüchtige Men- schen hervorbringen, sie soll ..., sie soll ..., SIE SOLL DEN SCHÜLERN ABER AUCH SPASS MACHEN!

Wann aber hat ein Schüler Spaß am Unterricht?

Lieber Leser, fragen Sie sich doch bitte einmal selbst, wann SIE Spaß an der Schule hatten! Mit Sicherheit fallen Ihnen dabei drei Dinge ein:

a) Man hatte Spaß und Freude an skurrilen Lehrertypen. Ich behaupte, wenn man sich die eigene Schulzeit wie ein Film vor seinen Augen ablaufen läßt, daß die Lehrer in der Erinnerung wachbleiben, die aufgrund ihrer Per-

sönlichkeit besondere Skurrilitäten zeigten - und es
waren nicht immer die schlechtesten. Lehrer, die ohne
Konturen ihren Unterricht bestritten, verschwinden in
der Masse der grauen Mäuse. Man erinnert sich also,
wenn man so will, an besondere Lehrerpersönlichkeiten.
(Erinnert sei hier an die Feuerzangenbowle, aber
ernsthafter verwiesen sei auf: BRÜCK, 1978, besonders
S. 167ff.)

Auch hier sei noch eine kleine Anmerkung gestattet:

Würde heute jeder Lehrer nach
dem Konzept des sozialintegra-
tiven Unterrichts auch tatsächlich unterrichten können,
bestünde zumindest die Gefahr,
daß er seinen Unterricht "aal-
glatt" über die Bühne bringt
und für die Schüler schnell aus
der Erinnerung verschwindet. Das ist zwar eine gewagte
Behauptung, aber ich halte sie aus der Sicht des Schülers für diskussionswürdig.

b) Man hatte Spaß und Freude an Streichen und an lustigen
Begebenheiten während der Schulzeit.
Sei es, daß man selbst daran beteiligt war oder sei es,
daß man nur als Mitschüler auf Kosten der anderen eine
gewisse Schadenfreude miterlebte.
Und es sind doch gerade diese lustigen Begebenheiten,
die einem die Erinnerung an die eigene Schulzeit er-
träglich machen. Wer für seine Erinnerung noch einen
Nachholbedarf verspürt, der sei auf KEMPOWSKI's (1976)
"Immer so durchgemogelt, Erinnerungen an unsere Schul-
zeit" oder auf SCHIEFER/HALBRITTER (1977) "Die Kunst,
Lehrer zu ärgern" verwiesen.

Und auch hier kann ich mir eine kleine Anmerkung nicht
verkneifen:

Es hat allen Anschein, als würden die modernen Schulgebäude,
die Klassenzimmer und die Schul-
höfe architektonisch so gebaut,
daß von vornherein jegliche
Phantasie für Streiche im Keim
erstickt werden soll.

Wenn das so ist, dann müßten die Schüler besonders zur
Kreativität erzogen werden, um der äußeren Schultristesse
noch eine phantasiegebende Komponente abzugewinnen.

c) Man hatte Spaß und Freude an einem lebhaften Unterricht,
der das normale Einmaleins der Unterrichtsstunde durch-
brach. Man erinnert sich an Unterrichtsstunden, in denen
das Lernen durch besondere Methoden zum Vergnügen wurde.
Und natürlich waren das nicht immer alle Stunden, aber
die wenigen bleiben einem in angenehmer Erinnerung.

Und damit ich mir treu bleibe, sei auch hier noch eine
kleine Anmerkung erlaubt:

Man weiß - das ist auch wissenschaftlich nachgewiesen - daß
viele Lehrer bei ihrer konkreten Unterrichtsgestaltung wenig auf die wissenschaftliche
Erken.....is, die sie während
ihres Studiums erworben haben,
zurückgreifen, als vielmehr

Unterrichtsmuster verwirklichen, die sie aus ihrer eigenen
Schulzeit von ihren Lehrern modellhaft übernehmen (hier
findet übrigens die Theorie des Modell-Lernens von BANDURA
ihre Bestätigung). Dies ist im Prinzip ja nicht schlecht,
nur werden in der Regel Unterrichtsmethoden bzw. Prinzipien
unreflektiert übernommen, die sich leider nicht immer positiv
auf den Unterricht auswirken.

Ziel dieses Buches ist es, für den hier zuletzt genannten
Bereich Ideen anzubieten:

1) Es enthält methodische VORSCHLÄGE für den Unterricht.

   Ob jeder Vorschlag brauchbar und machbar ist, müssen Sie,
   lieber Leser, für sich selbst entscheiden.

2) Es enthält VARIATIONEN für den Unterricht.

Es ist kein Geheimnis, daß sogenannte "Einführungsstunden"
interessant zu gestalten sind. Aber es ist ebenso kein Geheimnis, daß die meisten Unterrichtsstunden keine Einführungsstunden sind, sondern - und jetzt muß ich das mal päd-
agogisch ausdrücken - aus Übungen, Wiederholungen, Vertie-
fungen, Festigungen usw. bestehen - und gerade für diese
Unterrichtsstunden sollen die Variationen Ideen für Abwechs-
lung anbieten. Es ist sicher notwendig, daß man bspw. mit
den Schülern die Rechtschreibung üben muß, aber es ist sehr
schwer, sich für diese alltägliche Arbeit genug Ideen ein-
fallen zu lassen, um den Schülern dieses Notwendige so beizubringen, daß sie sogar Spaß daran finden.

3) Es enthält AUFLOCKERUNGEN für den Unterricht.

In der Regel laufen Unterrichtsstunden nach stereotypen Mustern ab. Und jeder Lehrer hat so seine eigenen Stereotypen. Oft kann man diese starren Unterrichtsabläufe durch wenige originelle Einschübe auflockern. Solche Auflockerungen durchbrechen die Monotonie des Unterrichts, machen den Schülern Spaß und sind in den meisten Fällen sogar mit dem eigentlichen Unterrichtsinhalt zu verbinden (lies hierzu einen Aufsatz einer meiner Urheber: PALLASCH 1975). Denn eine Angst des Lehrers ist die, durch methodische Spielereien nicht mit seinem Lehrstoff durchzukommen. Dies halte ich allerdings für einen Irrtum!

Abgesehen davon, daß man ohnehin mindestens 1/3 des Lehrstoffes kürzen könnte, und zwar in jedem Fach, spielen hier noch andere Faktoren eine Rolle. Beobachtet man nämlich Schüler über den Zeitraum einer gesamten Unterrichtsstunde, so wird man feststellen, daß sie hin und wieder einfach abschalten. Sie gönnen sich eine Pause, spielen mit unterrichtsfremden Gegenständen, schwatzen mit dem Nachbarn, schauen zum Fenster hinaus oder dösen schlicht und ergreifend vor sich hin.

Dieses Abschalten ist ein völlig natürlicher Vorgang, denn wer kann schon 45 Minuten lang konzentriert mitarbeiten. Wäre es dann nicht logisch und sinnvoll, in den Unterricht Auflockerungsübungen einzubauen?

Ich meine ja. Und ich meine auch, daß dadurch keine Zeit verloren geht, denn kurze, aber intensive Arbeitsphasen bringen mehr, als langgezogene Unterrichtsphasen, in denen der Lehrer durch ständige Ermahnungen und Aufmunterungen die Schüler zu konzentrierter Mitarbeit bewegen will.

4) Es enthält IDEEN für spontane Unterrichtsgestaltung.

Jeder Lehrer weiß, daß es unmöglich ist, sich für jede
Unterrichtsstunde schriftlich vorzubereiten.
Das bedeutet, daß er in vielen Fällen seinen Unterricht
"aus dem Hut" macht, oder anders ausgedrückt, er macht eine
Türschwellenunterrichtsvorbereitung: Kurz vor Unterrichts-
beginn überlegt er sich krampfhaft, wie er am besten die
45 Minuten über die Runden bringt. Oft fehlen ihm dazu spontane Ideen, um den Unterricht nicht in Langeweile ausarten
zu lassen. Nicht selten unterrichten deshalb Lehrer nach
ihren bewährten, starren Unterrichtsmustern, und um diese
durchzusetzen, müssen sie zu unsinnig autoritären Mitteln
greifen. Sie selbst werden verunsichert, weil die Schüler
ihren Unterrichtsmustern nicht folgen und daher nichtad-
äquates Unterrichtsverhalten zeigen.
Diese Verunsicherung wird im Laufe der Zeit zu einer Ängst-
lichkeit vor bestimmten Unterrichtsstunden bzw. vor bestimmten Schülern. Dabei ist es durchaus wünschenswert, sogenannte Nullachtfünfzehnstunden durch methodische Ideen
spannender zu gestalten. Gerade in der heutigen Zeit, wo
alle Welt der Überbeanspruchung (sprich: Streß) das Wort
redet, sind kreative Ideen,die das Lernen erleichtern und
zum Spaß für Lehrer und Schüler werden, besonders wichtig.

5) Es enthält HINWEISE zur Unterrichtsführung.

Auf der einen Seite hat man Lehrern beigebracht, daß sie
ihren Unterricht sozial-integrativ gestalten sollen, auf
der anderen Seite aber fallen sie damit ständig auf den
Bauch. Die Folge ist, daß sie in unbeobachteten Unterrichtsstunden ihre Schüler "demokratisch zusammenbrüllen".
Sie stehen in dem Konflikt, einerseits sozial-integrativ
mit ihren Schülern umgehen zu wollen, andererseits aber zu
den von ihnen selbst abgelehnten autoritären Mitteln greifen
müssen, um Unterricht überhaupt durchführen zu können.
Das mag hier etwas schwarzweiß gezeichnet sein, aber Tat-
sache ist, daß sich Lehrer ständig pädagogischen Wechsel-
bädern ausgesetzt fühlen. Es wagt kaum ein Lehrer offen zu-
zugeben, daß er seine Klasse mit straffer Hand führt.
Dabei ist es wissenschaftlich noch gar nicht bewiesen, ob
der eine oder der andere Unterrichtsstil das Nonplusultra
ist. Es ist vielmehr so, daß die vorliegenden Forschungs-
ergebnisse bestimmte Annahmen nahelegen, die sich unter
ganz bestimmten Voraussetzungen in der Realität als wünschenswert erweisen. Nach wie vor gilt: Unterschiedliche
Schüler, unterschiedliche Situationen und unterschiedliche
Lehrziele verlangen nach verschiedenartigen Lehrverfahren
und Unterrichtsstilen, die man nicht immer mit den ideal-
typischen Begriffen sozial-integrativ einerseits oder autoritär andererseits erfassen kann (vgl. dazu REINHARDT
1972).

Meine Ideen zur Unterrichtsführung sind in diesem Buch noch
recht sparsam. Sie sollen demnächst erweitert und ergänzt
werden.

III   Adressaten

Ein Blick in das Buch sagt Ihnen, daß es in erster Linie für Lehrer und Lehrerstudenten geschrieben ist. Ich möchte aber sofort den möglichen Eindruck zerstreuen, dieses Buch sei nur für Lehrer in der Grundschule gedacht. Sicherlich deuten viele Methoden daraufhin, als sei es so. In Wirklichkeit sind die Methoden, Variationen und Ideen für alle Schularten und demnach für alle Lehrer gedacht und praktikabel. Es bedarf nur Ihrerseits etwas Phantasie, die hier vorliegenden Methoden für Ihre Klasse umzuwandeln.

Ich möchte das an einem Beispiel deutlich machen. Es ist einfach falsch zu glauben, Studenten an einer Hochschule oder Gymnasiasten an einer Oberschule würden so viel anders lernen als die ABC-Schützen im ersten Schuljahr. Wenn man nämlich den Mut hat, Studenten in einem Seminar oder Lehrern bei einer Fortbildungsveranstaltung einen Stoff durch methodische Spiele beizubringen, dann verhalten Sie sich nicht viel anders als Kinder in der Grundschule. Die meisten Unterrichtenden haben aber nicht die Courage, ihren erwachsenen Schülern kreative Methoden zum Lernen anzubieten, weil sie sich lächerlich vorkommen. Die erwachsenen Schüler wiederum finden es zu kindisch, nach solchen Methoden zu verlangen, weil sie ihrerseits ihrer Rolle als "Erwachsener" meinen, gerecht werden zu müssen. Lehrerstudenten z.B. verlangen immer wieder nach Unterrichtsmethoden, die sie unmittelbar in der Praxis einsetzen können. Gibt man ihnen diese Methoden nicht in Form einer Vorlesung oder eines Skriptes, sondern spielt sie mit ihnen konkret durch - so wie man es in der Schule mit den Schülern tun würde - dann sind sie plötzlich motiviert, legen ihre Statusrolle als Student ab und arbeiten aktiv mit. Sie spielen scheinbar Schüler, lernen aber auf diese Art und Weise selbst am meisten - und wahrscheinlich auch am liebsten.

Noch ein Hinweis: Dieses Buch ist übrigens auch für Schüler gedacht! Warum sollte ein Lehrer nicht einem Schüler das Buch in die Hand geben mit der Bitte, er möge doch mehrere Methoden aussuchen, von denen er glaube, sie würden seinen Mitschülern Spaß machen.

Fazit: Das Buch bietet Anregungen für alle, die in einem unmittelbaren Erziehungsprozeß tätig sind; denn es enthält nicht nur Methoden für den normalen Unterricht, sondern auch Ideen für die verschiedensten Gruppenaktivitäten außerhalb des normalen Schulbetriebes.

IV   Entstehungsgeschichte

Der Anlaß, dieses Buch zu schreiben, war die unterrichtspraktische Arbeit mit Studenten und Lehrern. Immer wieder wurde deutlich, daß es an konkreten methodischen Unterrichtshilfen mangelt. Die Frage stellte sich nun, wie man an methodische Strategien herankommt. Die Idee, diese methodischen Strategien als Rezepte zusammenzutragen, war geboren.

In einem Seminar an der Pädagogischen Hochschule Kiel wurden unter dem Titel "Methoden für den Unterricht" die ersten Rezepte gesammelt, ausprobiert und besprochen.

Das positive Echo hat mich ermutigt, den ersten Teil dieser Zusammenstellung vorzulegen.

An dieser Stelle möchte ich den Seminarteilnehmern für ihre Mitarbeit ausdrücklich danken.

Anmerken möchte ich noch, daß einige Bereiche des Unterrichts noch nicht berücksichtigt sind:

- Ideen für kreative Hausaufgaben
- Ideen für die Bewältigung von Disziplinproblemen
- Ideen für unkonventionelle Lernerfolgskontrollen
- Ideen für Rückmeldungen durch die Schüler an die Lehrer.

Diese hier aufgeführten Bereich sollen demnächst in Angriff genommen werden.

V   Gestaltung und Mitarbeit

An dieser Stelle muß ich den Mitarbeitern ein großes **DANKE** sagen. Einmal gilt dieser Dank einer Gruppe von Studierenden, die an der Auswahl und an der Bearbeitung der Methoden wesentlichen Anteil hat.

Und das sind sie:

Bauer, Angelika   Remlinger, Rolf

Becker, Ute-Christiane   Schemmitzer, Irina

Luchterhand, Ingrid   Schlichting, Wiebke

Meyer, Susanne   Schuchardt, Ruth

Möller, Axel   Segatz, Sabine

Zum anderen muß ich meinen Zeichnern danken; sie besorgten die grafische und zeichnerische Gestaltung dieses Buches.

Und so sehen sie sich selbst:

Birgit Kock   -   Reiner Weiß

Zum Schluß muß ich ganz besonders Frau Fastenrath von der
Pädagogischen Hochschule Kiel danken, die in bewährter Weise
die vielen Manuskripte auf der Maschine schrieb.

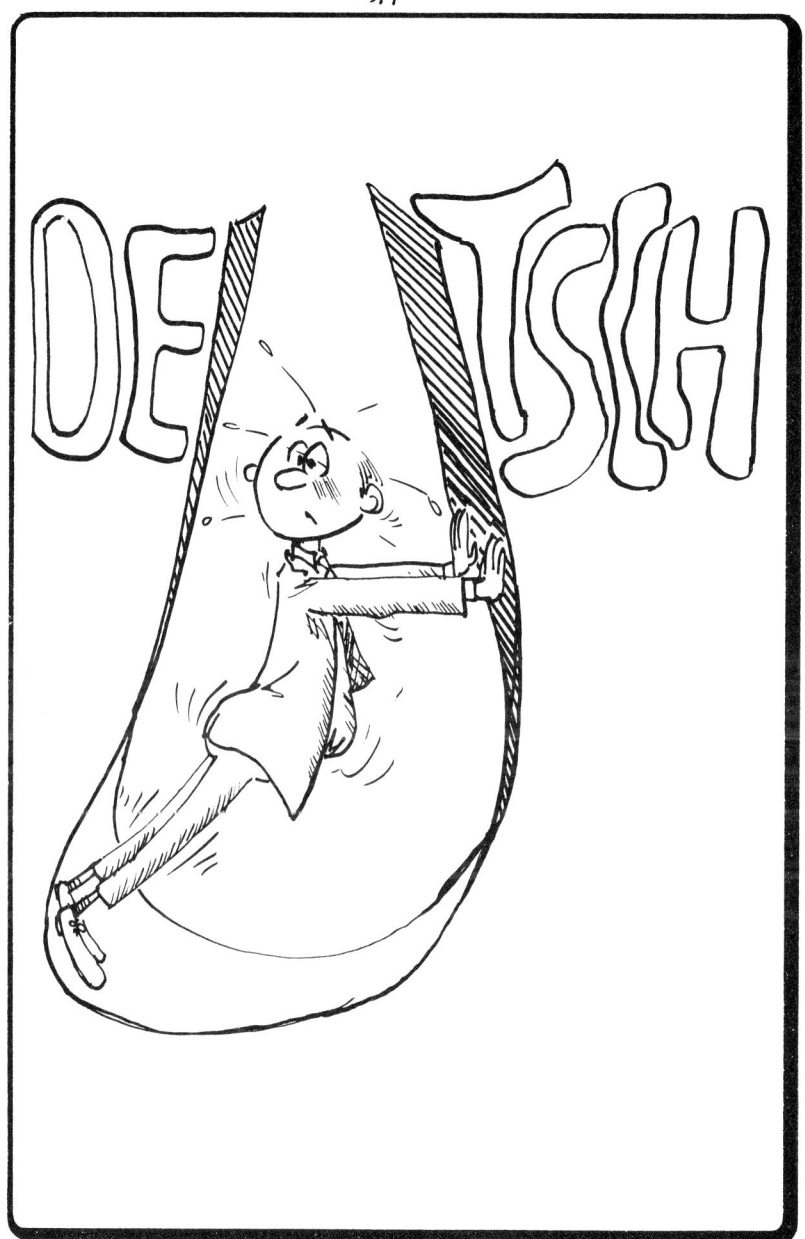

L E S E Ü B U N G E N

Stichwort: BLITZLESEN

Ziel: Das Blitzlesen dient als Konzentrations- und
Leseübung. Der Schüler soll auf den Unterricht
eingestimmt bzw. motiviert werden.

Fächer: Deutsch

Klassenstufe: Ab 1

Voraussetzung: Die Schüler müssen die gezeigten Wörter
kennen. Es sollte sich um Signalwörter handeln,
die zur Zeit im Unterricht erarbeitet werden.

Sozialform: Beliebig

Zeit: ca. 5 Minuten

Material: Tageslichtprojektor und Folien

Vorbereitung: Der Lehrer muß Folien anfertigen, auf denen
die Signalwörter stehen.

Durchführung: Der Lehrer wirft mit Hilfe des Tageslicht-
projektors einzelne Wörter an die Tafel. Die Wörter
werden nur kurz gezeigt. Die Länge des Zeigens richtet sich nach dem Wissensstand der Schüler. Die Schüler sollen die kurz gezeigten Worter dann sagen. Ist
das Wort in der Klasse laut genannt worden, so sollte der Lehrer das entsprechende Wort noch einmal für
alle Schüler zeigen.

Variation: Dieses Spiel kann sehr leicht erweitert werden.
So kann man anschließend die gezeigten Wörter von
den Schülern noch schreiben lassen. Ebenso kann die
Kontrolle, wer das gezeigte Wort richtig gelesen
hat, unterschiedlich erfolgen. Einerseits kann der
erste Schüler das Wort in die Klasse rufen, andererseits kann der Lehrer sich die Antworten ins Ohr
flüstern lassen, um ein Raten zu verhindern.

Stichwort: WORTDOMINO

Ziel: Sinnvolle Wortzusammensetzungen

Fächer: Deutsch

Klassenstufe: Ab 2

Voraussetzung: Keine

Sozialform: Gruppen

Zeit: Beliebig

Material: Pro Gruppe werden 30 bis 40 Wortdominos benötigt.

Vorbereitung: Man schneidet die Wortdominos
aus festem Material (Karton), damit
sie nicht so schnell zerreißen.

Durchführung: Die Wortdominos werden gemischt
und gleichmäßig an die Schüler einer
Gruppe verteilt. Ein Schüler legt einen
Wortdomino auf den Tisch. Sein Nachbar
legt einen weiteren Wortdomino an, so daß
ein sinnvolles Wort entsteht.
Jeder Schüler darf nur ein Domino anlegen,
rechts, links, neben und oben und unten an
das vorherige Wortdomino. Kann ein Schüler
nicht anlegen, setzt er aus. Gewonnen hat,
wer als erster alle Wortdominos angelegt
hat.

Stichwort: ZUBLINZELN

Ziel: Aktive Zusammenarbeit in der Gruppe;
Leseübungen; Erweiterung des Wortschatzes.

Fächer: Deutsch

Klassenstufe: Ab 1

Voraussetzung: Die Schüler müssen die Wörter, die
auf den Wortkarten gelesen werden müssen, schon
einigermaßen lesen können, so daß die Leseübung
nur noch verfestigt zu werden braucht.

Sozialform: Gruppen

Zeit: ca. 20 Minuten

Material: Wortkarten zum Umgängen

Vorbereitung: Folgende zwei Wortkartengruppen müssen
vorbereitet werden (je 1 Wort auf einer Karte):
1. Tiernamen:
Maus, Pferd, Krokodil, Vogel, Löwe, Nil-
pferd, Seehund, Affe, Pfau, Fuchs, ...

2. Äußerungsverben:
fragte, wieherte, klapperte, zwitscherte,
brüllte, schnaubte, bellte, kreischte,
schrie, knurrte, ...

Durchführung: Die Kinder hängen sich ausgewählte Wortkarten um und spielen "Zublinzeln". Die Kinder
mit den Tiernamen bilden dabei den äußeren Kreis,
die Kinder mit den zuzuordnenden Aussagen (den
Äußerungsverben), den inneren. Wem sein Partner
davongelaufen ist, liest die dabei entstandene
Kombination vor.

Variation:

1. Anstelle der Gruppe "Äußerungsverben" können auch Eigenschaftswörter, Bezeichnungen für Körperteile oder Bewegungsverben benutzt werden.

2. Statt beider Wortgruppen können auch Wortgruppen aus anderen Sachgebieten verwendet werden.

Stichwort: UNSINNGESCHICHTE

Ziel: Schreiben und Lesen üben

Fächer: Deutsch

Klassenstufe: Ab 3

Voraussetzung: Keine

Sozialform: Gruppen

Zeit: 10 - 15 Minuten

Material: Papier und Stift

Vorbereitung: Keine

Durchführung: Die Klasse wird in Gruppen mit je
ca. 5 Schülern aufgeteilt. Jeder Schüler
hat ein Stück Papier und einen Stift vor
sich. Der Lehrer nennt nun ein Thema, zu
dem Sätze gebildet werden sollen nach dem
Schema Subjekt - Prädikat - Objekt oder
adverbiale Bestimmung - adverbiale Bestimmung. Jeder Schüler schreibt auf sein Blatt
zuerst ein Subjekt; dann knickt er den Zettel so, daß das Geschriebene verdeckt ist
und gibt ihn an seinen linken Nachbarn weiter. Auf den nächsten Zettel schreibt er
ein Prädikat, knickt ihn wieder usw. bis
die Zettel fünfmal weitergegeben worden
sind. Jeder faltet nun den vor ihm liegen-
den Zettel auseinander und alle lesen der
Reihe nach ihren Satz vor. Alle zusammen
ergeben eine unsinnige Geschichte.

Variation: Anstelle der Wörter kann man die Kinder
auch ganze Sätze schreiben lassen, so daß
nachher auf einem Zettel mehrere Sätze stehen.

Stichwort: ZUNGENBRECHER

Ziel: Verbesserung der Artikulation

Fächer: Deutsch

Klassenstufe: Ab 1

Voraussetzung: Keine

Sozialform: Kreisform

Zeit: Je nach Teilnehmerzahl

Material: Tonbandgerät

Vorbereitung: Keine

Durchführung: Die Schüler sitzen im Kreis. Der Lehrer
stellt die Aufgabe, daß jeder nacheinander einen vorher festgelegten Zungenbrecher vorspricht
(z.B. Fischers Fritze ...). Dieser wird auf Ton-
band aufgenommen. Nachdem jeder seinen Satz gesagt
hat, wird die Tonbandaufnahme abgespielt, wobei
die Schüler bei jedem einzelnen auf die Qualität
der Artikulation achten und sie besprechen.

Variation: Vorschläge für Zungenbrecher können von den
Schülern kommen.

Stichwort: VORLESEN

Ziel: Leseübung

Fächer: Deutsch/Fremdsprache

Klassenstufe: Ab 3

Voraussetzung: Keine

Sozialform: Gruppen

Zeit: 45 Minuten

Material: Pro Gruppe eine Geschichte; die Geschichten
sollten etwa gleich lang und gleich schwer sein.

Vorbereitung: Keine

Durchführung:

a) Klasse in gleich große Gruppen aufteilen.

b) Jede Gruppe erhält eine Geschichte.

c) Jedes Gruppenmitglied liest seiner Gruppe die
Geschichte laut vor.

d) Die Gruppe entscheidet, welches Mitglied am
besten gelesen hat.

e) Von jeder Gruppe liest der Beste die Geschichte dem Plenum vor.

f) Das Plenum entscheidet, welche Gruppe am besten
gelesen hat und begründet dies.

RECHTSCHREIBÜBUNGEN

Stichwort: WÖRTERDOMINO

Ziel: Zusammengesetzte Nomen bilden und die damit
entstehenden Gesetzmäßigkeiten kennenlernen,
gleichzeitig als Leseübung.

Fächer: Deutsch

Klassenstufe: Ab 2/3

Voraussetzung: Die Kinder müssen lesen können.

Sozialform: Gruppenarbeit (4-5 Schüler)

Zeit: Beliebig

Material: Für jede Gruppe 20-40 Wortkarten (5x5 cm)
mit verschiedenen Nomen, die alle im Singular
erscheinen (Tür, Auto, Schloß, Garten, Haus,
usw.).

Vorbereitung: Herstellung der Wortkarten

Durchführung: Die Wortkarten werden gemischt und
gleichmäßig an alle Schüler einer Gruppe verteilt. Ein Spieler legt eine Wortkarte auf den
Tisch (z.B. Tür). Im Reihumverfahren legen die
Schüler nun jeweils eine Wortkarte so neben das
Kärtchen, daß ein sinnvolles Kompositum entsteht. Angelegt werden darf rechts, links neben
und oben und unten an das Kärtchen. Kann ein
Schüler eine Karte nicht sinnvoll anlegen, so
muß er aussetzen. Gewonnen hat derjenige, der
als erster alle seine Karten angelegt hat.
Beispiel, wie angelegt werden kann:

Haus	Tür		Wohn
	Schloß	Garten	Möbel

<u>Variation:</u> Aus Nomen und Adjektiven müssen Komposita
gebildet werden.

Beispiel:

	Fein
Bunt	Wäsche

Stichwort: BUCHSTABENDOMINO

Ziel: Wiederholung und Festigung gelernter
       Buchstaben und Wörter.

Fächer: Deutsch

Klassenstufe: Ab 1

Voraussetzung: Keine

Sozialform: Beliebig

Zeit: Beliebig

Material: Tafel und Kreide

Vorbereitung: Keine

Durchführung: Der Lehrer schreibt ein gelerntes Wort
       an die Tafel und stellt den Kindern die Aufga-
       be, ein schon bekanntes Wort zu finden, das mit
       dem Endbuchstaben des angeschriebenen Wortes
       anfängt. Das neue Wort wird dann folgendermaßen
       eingefügt:

```
                H A S E
                    S
                    E
                L A U S              usw.
```

Variation:

   1. Die Kinder sollen Wörter finden, die einen
       beliebigen Buchstaben des angeschriebenen
       Wortes als Anfangsbuchstaben haben oder in
       denen ein Buchstabe des angeschriebenen
       Wortes vorkommt. Dementsprechend werden auch
       die neuen Wörter eingefügt:

```
                H A S E
                O       L
                N       A
                N O R D E N
                E       E
                        N              usw.
```

2. Die Kinder dürfen nur Substantive oder nur
   Verben oder nur Adjektive benutzen.

Stichwort: WÖRTER SPIELEN

Ziel: Eine Wortart soll anhand von Beispielen wiederholt und gefestigt werden. Die Phantasie und
das Darstellungsvermögen der Schüler sollen gefördert werden.

Fächer: Deutsch (evtl. Fremdsprachen)

Klassenstufe: Ab 2

Voraussetzung: Entsprechende Wortarten müssen vorher
im Unterricht behandelt worden sein. Der Schüler
muß gelernt haben, beliebige Wörter entsprechenden Wortarten zuzuordnen.

Sozialform: Kreisform

Zeit: 15-20 Minuten

Material: Kein

Vorbereitung: Keine

Durchführung: Die Wortart wird entsprechend des zu wieder-
holenden Unterrichtsstoffes vom Lehrer festgelegt
(z.B. Hauptwörter). Ein Schüler sagt dann z.B. das
Wort "Auto". Nun ruft er einen Mitschüler auf, der
den Begriff darstellen soll. Dieser nennt daraufhin ein neues Wort usw.

Variation: Ein Schüler stellt einen Begriff dar. Die übrigen Schüler sollen nun das dazugehörige Wort der
vorgegebenen Wortart finden.

Stichwort: REIME

Ziel: Rechtschreibschulung, Erkennen von
       Lautverwandtschaften.

Fächer: Deutsch

Klassenstufe: Ab 1

Voraussetzung: Keine

Sozialform: Einzelarbeit

Zeit: Beliebig

Material: Arbeitspapiere

Vorbereitung: Verschiedene Blätter werden im Abzugs-
       verfahren hergestellt. Auf diesen Blättern
       stehen Reime, bei denen Worte ausgelassen wurden

       z.B.   Es sitzt eine Maus

               in unserem

               Liebe kleine

               komm doch

Durchführung: Jedes Kind bekommt ein Blatt und bekommt
       jetzt die Aufgabe, die fehlenden Worte zu ergänzen.

Rechtschreib-
übungen

Stichwort: ZWERGESUCHEN

Ziel: Unterscheidung verschiedener Buchstaben, Rechtschreibübung.

Fächer: Deutsch

Klassenstufe: Ab 1

Voraussetzung: Kenntnis des Alphabets

Sozialform: Einzelarbeit

Zeit: Beliebig

Material: Vorgegebener Text

Vorbereitung: Herstellen eines Textes

Durchführung: Der Lehrer gibt den Schülern die Aufgabe, bestimmte Buchstaben aus einem Text hervorzuheben. Die Aufgabe kann z.B. lauten: Such den Zwerg "i" heraus und kreise ihn ein.

Variation: 1. Alle großen Anfangsbuchstaben werden von den Kindern mit Buntstiften eingekreist.

2. Anfangsbuchstaben von Absätzen werden mit Zeichnungen versehen.

3. Die Schüler sollen im Text eingearbeitete Fehler herausfinden, unterstreichen und berichtigen.

Stichwort: VERKEHRTE WELT

Ziel: Erkennen des Schriftbildes, Rechtschreibübung.

Fächer: Deutsch

Klassenstufe: Ab 2

Voraussetzung: Keine

Sozialform: Partnerarbeit

Zeit: Ungefähr 10 Minuten

Material: Kein

Vorbereitung: Keine

Durchführung: Zwei Schüler arbeiten bei diesem Spiel
zusammen. Einer sagt ein Wort und der andere muß
versuchen sich das Schriftbild vorzustellen und
das Wort rückwärts in Gedanken ablesen.
Dieses Spiel hat einen gewissen Schwierigkeitsgrad und kann die Schüler am Anfang überfordern.
Zur Erleichterung kann es auch schriftlich durchgeführt werden, indem die Worte aufgeschrieben
werden, um besser rückwärts gelesen werden zu
können.

Stichwort: WORTKÄRTCHENSPIEL

Ziel: Förderung der Rechtschreibung und Erweiterung
des Wortschatzes.

Fächer: Deutsch

Klassenstufe: Ab 2

Voraussetzung: Keine

Sozialform: Gruppen von 4 - 5 Schülern

Zeit: Beliebig

Material: Für jede Gruppe ca. 50-60 Kärtchen (2x2 cm),
auf denen einzelne Buchstaben stehen, einen Be-
hälter für die Kärtchen und 1 Würfel.

Vorbereitung: Für jede Schülergruppe werden ca.
50-60 Kärtchen (2x2 cm groß) mit den Buchstaben
hergestellt. Dabei ist zu beachten, daß die Buchstaben 'j', 'q', 'x', 'y' nicht so häufig auftauchen.

Durchführung: Im Reihumverfahren wird gewürfelt. Je
nach Augenzahl des Würfels darf sich der Schüler
entsprechend viele Buchstaben aus dem Becher ent-
nehmen. Er muß nun versuchen, aus seinen Buchstaben ein Wort zu bilden. Gelingt ihm das beim ersten
Mal nicht, muß er warten, bis er wieder an der
Reihe ist und seinen Buchstaben(vorrat) erweitern
kann. Derjenige, der am Ende die meisten Wörter
gebildet und dabei die meisten Buchstaben verwenden konnte, ist Sieger.

Variation: Es werden ca. 50-60 Silbenkärtchen hergestellt.
Derjenige, der am Ende des Spiels aus den Silben die
meisten Wörter gebildet hat, ist Sieger.

Stichwort: WORTWÜRFELSPIEL

Ziel: Förderung der Rechtschreibung und des
Sprachschaffens.

Fächer: Deutsch

Klassenstufe: Ab 2

Voraussetzung: Keine

Sozialform: Gruppen

Zeit: Beliebig (10-20 Minuten)

Material: Je Gruppentisch: 5 Würfel,
1 Würfelbecher.
Es eignen sich normale Spielwürfel. Im Spiel-
warenhandel sind auf Bestellung auch neutrale
Würfel erhältlich.
Selbstklebende Etikettschildchen.

Vorbereitung: Selbstklebende Etikettschildchen werden
mit Buchstaben beschriftet und auf die Seiten
der Würfel geklebt. Dabei soll berücksichtigt
werden, daß die 30 Buchstaben so gewählt werden,
daß die Schüler sinnvolle Wörter bilden können.
Die Buchstaben 'x', 'y', 'q' werden selten, 'e',
'a', 'n' usw. dagegen häufiger Verwendung finden. Im Fachgeschäft sind Buchstabenwürfel erhältlich.

Durchführung: Jede Gruppe erhält einen Würfelbecher,
in dem 5 vorbereitete Würfel sind. Nun wird reihum gewürfelt. Jeder Schüler muß aus möglichst allen 5 gewürfelten Buchstaben ein Wort bilden. Jeder verwendete Buchstabe zählt einen Punkt. Das
Wort wird aufgeschrieben. Die Punkte einer jeden

Gruppe werden addiert. Sieger ist die Gruppe,
die die höchste Punktzahl erreicht hat.
Es ist vor Spielbeginn zu klären, ob ein ge-
würfelter Buchstabe in einem Wort nur einmal
oder mehrmals verwendet werden darf.

<u>Variation:</u> Die Schüler sollen aus den gewürfelten
Buchstaben nur Substantive oder nur Verben
oder nur Adjektive bilden.

Stichwort: GEFÜLLTE KALBSBRUST

Ziel: Dieses Spiel kann als Übung für die Benutzung
eines Wörterbuchs dienen. Es regt die Phantasie an, erweitert den Sprachschatz und fördert
die Rechtschreibung.

Fächer: Deutsch, in höheren Klassen auch Fremdsprachen.

Klassenstufe: Ab 3/4

Voraussetzung: Keine

Sozialform: Beliebig

Zeit: 15 Minuten

Material: Kein

Vorbereitung: Keine

Durchführung: Ein Wort, z.B. "STUHLBEIN", wird senkrecht einmal von oben nach unten und einmal von
unten nach oben an die Tafel geschrieben. Da-
zwischen werden Freiräume für Buchstaben gelas-
sen. Die Kinder sollen nun versuchen, ein Wort
zu finden, das mit S anfängt und mit N endet.

```
S_ _ _ _ _ _ N
T_ _ _ _ _ _ I
U_ _ _ _ _ _ E
H_ _ _ _ _ _ B
L_ _ _ _ _ _ L
B_ _ _ _ _ _ H
E_ _ _ _ _ _ U
I_ _ _ _ _ _ T
N_ _ _ _ _ _ S
```

Dieses Wort soll nun im Wörterbuch auf seine
richtige Schreibweise überprüft werden. Als

Anreiz für die Phantasie kann man für besonders lange Wortkombinationen kleine Belohnun-
gen einsetzen.

<u>Variation:</u>

1. Als Erschwernis könnte man die Buchstaben-
   anzahl festlegen. Z.B. müssen alle gebilde-
   ten Wörter mindestens 4 Buchstaben enthalten.

2. Die Wortschöpfungen werden auf bestimmte
   Wortarten beschränkt, z.B. nur Substantive, nur Verben usw.

Stichwort: WORTWERFEN

Ziel: Richtiges Buchstabieren lernen

Fächer: Deutsch

Klassenstufe: Ab 3

Voraussetzung: Keine

Sozialform: Zwei Gruppen

Zeit: Beliebig

Material: Ein Ball

Vorbereitung: Keine

Durchführung: Ein Schüler wirft den Ball einem Schüler aus der gegnerischen Partei zu und nennt
dabei ein Wort mit einem s-Laut (z.B. Gras,
Krokus, Reis, Grieß, fassen, lassen). Der angespielte Schüler fängt den Ball und buchstabiert dabei das Wort. Macht er dabei keinen
Fehler, bekommt seine Gruppe einen Pluspunkt;
buchstabiert er jedoch falsch, muß er den Ball
an den Werfer zurückgeben.
Dieser darf nun das Wort richtig buchstabieren
und so für seine Partei einen Extrapunkt machen.
Jeder Schüler darf nur einmal angespielt werden.
Sieger ist die Partei, die die meisten Punkte
sammeln konnte.

<u>Variation:</u> Dasselbe Spiel kann mit der Schreibung von
z-Lauten (Katze, Herz, Holz usw.), dem langen
'a' (Wagen, Rabe, die Wahl, usw.), dem langen
'i' (wir, Wiese, Vieh, lieb, usw.), dem langen
'e' (Weg, Lehrer, leer, usw.) oder mit noch anderen Lauten durchgeführt werden.

Stichwort: VOKABELN EINSCHLEIFEN

Dieses Spiel erfordert viel Konzentration von den Schülern.

Ziel: Gewinnen von Sicherheit in der Rechtschreibung.

Fächer: Deutsch, Englisch

Klassenstufe: Ab 3

Voraussetzung: Keine

Sozialform: Gruppen

Zeit: Beliebig

Material: Für jede Gruppe benötigt man etwa 36 Karten von 5 x 5 cm Seitenlänge.

Vorbereitung: Die Kartenrückseiten sollen einheit-
lich sein. Für die Kartenherstellung eignen
sich alte Kartenspiele und Reklamekartenspiele oder viereckige Bierdeckel.
Die Anzahl der Karten wird durch drei geteilt.
Auf zwei Karten wird nun das fehlerfreie Wort
geschrieben; auf die dritte Karte schreibt man
das gleiche Wort - nur diesmal mit Fehler.
Der Zeitaufwand zum Herstellen der Karten ist
relativ hoch.

Durchführung: Die Karten werden verdeckt in 6 Reihen
zu je 6 Karten auf den Tisch gelegt. Der Reihe
nach nehmen die Schüler nun je 2 Karten auf,
zeigen sie auch den Mitschülern und legen sie
wieder an ihren Platz. Dabei müssen sich die
Schüler merken, wo welche Karten liegen.
Aufgabe der Schüler ist es, ein Paar zu bilden.
Ein Paar ergibt sich aus zwei Karten mit einem
korrekt geschriebenen Wort.

Deckt ein Schüler eine Karte mit einem fehlerhaften Wort auf, darf er sie nicht zur Paarbildung benutzen, sondern legt sie mit der Schriftseite nach oben an ihren Platz zurück. Am Ende des Spiels liegen nur noch falsche Wörter auf dem Tisch.

Der Schüler mit den meisten Karten hat das Spiel gewonnen.

Variation:

1. Ziel: Einschleifen der Schreibweise von Vokabeln.

   Fächer: Englisch

   Klassenstufe: Ab 5

   Voraussetzung: Keine

   Sozialform: Gruppen

   Zeit: Beliebig

   Vorbereitung: Siehe oben

   Durchführung: Siehe oben

   Hinweis: Es können auch grammatische Wendungen auf diese Art geübt werden.

2. <u>Ziel:</u> Übung der Schreibweise von Wörtern.

<u>Fächer:</u> Deutsch, Englisch

<u>Klassenstufe:</u> Ab 2

<u>Voraussetzung:</u> Keine

<u>Vorbereitung:</u> Die Anzahl der Karten wird durch
zwei geteilt.
Eine Hälfte bildet die korrekten Wörter,
die andere Hälfte bildet die falschen Wörter.
Ein Schuhkarton zum Ablegen der Karten.

<u>Durchführung:</u> Die Karten werden offen auf den
Tisch gelegt. Reihum nimmt jeder Schüler
eine Karte mit einem fehlerhaften Wort
vom Tisch, sagt welchen Fehler er sieht
und wirft die Karte in den Schuhkarton.
Aus den fehlerfreien Wörtern, die am Ende des Spiels auf dem Tisch liegen, bilden die Schüler einen Satz.

Stichwort: WÖRTERMANNSCHAFT

Ziel: Rechtschreibübung

Fächer: Deutsch, Englisch

Klassenstufe: Ab 2

Voraussetzung: Keine

Sozialform: Zwei Gruppen (Bankreihen)

Zeit: Beliebig

Material: Karten, 20 x 10 cm Seitenlänge,
je Schüler eine Karte.

Vorbereitung: Auf jede Karte wird ein Buchstabe
geklebt oder gemalt.
Für Buchstaben, die häufiger gebraucht werden, sollten 2 oder 3 Karten angefertigt
werden. Einige Buchstaben brauchen vielleicht
nicht angefertigt werden (x, y, q).

Durchführung: Die Klasse wird in zwei Gruppen aufgeteilt. Jedes Gruppenmitglied erhält eine
Buchstabenkarte. In jeder Gruppe muß die gleiche Anzahl von Buchstaben gegeben sein.
Der Lehrer ruft nun ein Wort, z.B. RUHE. Die
Schüler aus beiden Gruppen mit den Buchstaben
R, U, H und E laufen nach vorn und stellen
sich so schnell wie möglich in der richtigen
Reihenfolge auf. Dabei halten sie die Buchstaben hoch, damit die Klasse das vom Lehrer
gerufene Wort lesen kann. Die Gruppe, die sich
zuerst in der richtigen Buchstabenreihenfolge
formiert hat, gewinnt und erhält einen Punkt.

Stichwort: TAFELDIKTAT

Ziel: Sicherheit und Schnelligkeit in der
Rechtschreibung.

Fächer: Deutsch, Englisch

Klassenstufe: Ab 2

Voraussetzung: Keine

Sozialform: Klassenverband (2 Gruppen/Bankreihen)

Zeit: Beliebig

Material: Kein

Vorbereitung: Keine

Durchführung: Der Lehrer wählt soviele Wörter aus,
wie Schüler in der Gruppe sind. Die Gruppen
müssen gleich stark sein. Der erste Schüler
jeder Gruppe erhält ein Stück Kreide, wartet
bis der Lehrer ein Wort ruft, läuft sofort
an die Tafel und schreibt dieses Wort an.
Danach läuft er zurück an seinen Platz und
gibt dem nächsten Schüler seiner Mannschaft
die Kreide. Die Gruppe, die die wenigsten
Fehler gemacht hat, hat gewonnen.

Variation:

Ziel: Vokabelübung, Rechtschreibübung
Fächer: Englisch
Klassenstufe: Ab 5
Voraussetzung: Keine
Sozialform: Klassenverband
Zeit: Beliebig; höchstens 15 Minuten
Material: Kein

<u>Vorbereitung:</u> Keine

<u>Durchführung:</u> Der Lehrer schreibt die deutschen Über-
setzungen der Vokabeln an die Tafel. Die Schü-
ler schreiben die englischen Wörter daneben.
Jeder Schüler muß einmal an die Reihe kommen.
Die Gruppe, die zuerst alle Vokablen richtig
an die Tafel geschrieben hat, gewinnt.

Stichwort: GALGEN

Ziel: Rechtschreibübung

Fächer: Deutsch, Englisch

Klassenstufe: Ab 2

Voraussetzung: Keine

Sozialform: Klassenverband

Zeit: Beliebig

Material: Kein

Vorbereitung: Keine

Durchführung: Der Lehrer denkt sich ein Wort aus,
schreibt aber für jeden Buchstaben einen Gedankenstrich an die Tafel. Die Klasse soll
nun das Wort Buchstabe für Buchstabe erraten.
Jeder Buchstabe, der im Wort vorkommt, wird
über den entsprechenden Gedankenstrich geschrieben. Für jeden, von den Schüler genannten Buchstaben, der nicht im Wort vorkommt,
setzt der Lehrer einen Strich am Galgen.
Erraten die Schüler das Wort, bevor der Lehrer den Galgen gemalt hat, gewinnen sie diesen Punkt. Beendet der Lehrer den Galgen, bevor die Schüler das Wort erraten haben, gewinnt er diesen Punkt.

Variation:

1. Der erste und der letzte Buchstabe des
   Wortes werden an die Tafel geschrieben.

2. Die Schüler müssen zu dem genannten Buchstaben seine Position im Wort nennen.

Stichwort: SÄTZE LEGEN

Ziel: Übung eines bevorstehenden Diktates

Fächer: Deutsch

Klassenstufe: Ab 2

Voraussetzung: Keine

Sozialform: Frontalausrichtung

Zeit: ca. 20 Minuten

Material: Tageslichtprojektor und Folie

Vorbereitung: Wörter des Diktates werden vom
Lehrer auf Folie geschrieben und ausge-
schnitten (Namenwort und Begleiter als
Einheit).

Durchführung: Die ausgeschnittenen Wörter werden
ungeordnet auf den Tageslichtprojektor gelegt. Die Schüler setzen die möglichen Sätze
auf dem Projektor zusammen.
Nach dem Lesen der Sätze werden sie einzeln
auswendig ins Übungsheft geschrieben und sofort verglichen.

Stichwort: PUNKT-WORTE

Ziel: Rechtschreibübung
Für einen Gegenstand einen zweiten Namen
finden oder eine kurze Beschreibung geben
können.

Fächer: Deutsch (ev. übergreifend)

Klassenstufe: Ab 2

Voraussetzung: Keine

Sozialform: Beliebig

Zeit: 10 Minuten

Material: Anonymer Gegenstand

Vorbereitung: Keine

Durchführung: Ein Schüler schreibt je nach Länge
seines Gegenstandsnamens 2-5 Buchstaben
auf einen Zettel; die nicht genannten Buchstaben werden durch einen Punkt ersetzt.
Nach einer kurzen Beschreibung des Gegenstandes oder der Nennung eines zweiten Namens beginnen die anderen Schüler die restlichen Buchstaben herauszufinden.

Zum Beispiel:
Unbekannter Gegenstand: <u>Teddybär</u>
2. Name oder kurze Erklärung: Mein Schmusetier
Auf dem Zettel steht z.B.: .e..y.ä.

Stichwort: KOPF HEBEN

Ziel: Die Schüler sollen Buchstaben aus einem Wort heraushören können.

Fächer: Deutsch

Klassenstufe: Ab 1

Voraussetzung: Keine

Sozialform: Beliebig

Zeit: Beliebig

Material: Kein

Vorbereitung: Keine

Durchführung: Die Schüler legen den Kopf zwischen die Arme. Der Lehrer spricht langsam verschiedene Wörter. Kommt in dem Wort der Buchstabe -r- vor, dann heben die Schüler den Kopf.

Variation: Das Spiel eignet sich auch für die Analyse von Buchstabenfolgen (tt, ll, ie, etc.).

A U S D R U C K S F Ä H I G K E I T

Stichwort: NACHERZÄHLUNG (EINER GELESENEN GESCHICHTE)

Ziel: Übung der mündlichen Ausdrucksfähigkeit

Fächer: Deutsch

Klassenstufe: Ab 3

Voraussetzung: Keine

Sozialform: Beliebig

Zeit: Beliebig

Material: 4-6 Wortkarten mit Stichwörtern, die dem Inhalt der Geschichte entnommen sind.

Vorbereitung: Keine

Durchführung: Der Lehrer gibt als stummen Impuls die
erste Wortkarte an einen Schüler, der diese laut
vorliest. Erinnern sich die Schüler aufgrund dieser Karte bereits an die Geschichte oder an die
bestimmte Stunde, sollen sie sich äußern.
Die Karten werden so lange an die Schüler verteilt,
bis der gesamte Inhalt wiedererzählt worden ist.

Variation: "Perspektivwechsel"
Der Schüler, der nacherzählt, muß sich in eine Per-
son aus der Nacherzählung versetzen und von dieser
Sicht aus die Geschichte noch einmal vortragen.

Ausdrucks-
fähigkeit

Stichwort: GERÄUSCHE MACHEN ZUR GESCHICHTE

Ziel: Steigerung des Ausdrucksvermögens und der
Erzählfähigkeit bei Nacherzählungen.

Fächer: Deutsch

Klassenstufe: Ab 2

Voraussetzung: Keine

Sozialform: 2-3 Gruppen, auch gesamter Klassenverband
möglich.

Zeit: Mindestens 30 Minuten

Material: Kein

Vorbereitung: Gute Erzählung heraussuchen

Durchführung: Eine ereignisreiche Erzählung wird vorgelesen. Danach wird Erzähler bestimmt, der Gehörtes
wiedergibt. Die Zuhörer haben dabei die Aufgabe,
das Gehörte lautlich zu untermalen.
Beispiel: Erzähler: "Hans ging in den Wald". Bei
dem Stichwort "Wald" simulieren die Zuhörer Vogel-
gezwitscher und den Wind, der durch die Tannen
weht.
Durch die Laute wird der Erzähler animiert, die
Waldatmosphäre etwas genauer darzustellen. Statt
sich mit dem Satz "Hans ging in den Wald" zu be-
gnügen, wird er höchstwahrscheinlich als feed-
back auf die Geräusche den Wald mit seinen Ge-
schehnissen sprachlich genauer aufschlüsseln und
darstellen.
Umgekehrt kann aber auch ein geschickter Erzähler
das Publikum dazu bewegen, zahlreichere lautliche
Assoziationen zu realisieren.

Variation: Zu den Schülern, die die lautliche Unter-
malung besorgen, kann noch eine Gruppe treten,
die die vom Erzähler genannten Personen pantomimisch spielt.

Stichwort: LÜCKENGESCHICHTE

Ziel: Förderung der Gedächtnisleistung und des
logischen Denkens.

Fächer: Deutsch

Klassenstufe: Ab 2

Voraussetzung: Keine

Sozialform: Einzelarbeit

Zeit: Beliebig

Material: Matrizen

Vorbereitung: Matrizen herstellen

Durchführung: Der Lehrer liest eine Geschichte vor.
Die Schüler erzählen die Geschichte nach. Der
Lehrer verteilt die Matrizen, auf denen die
Geschichte getippt ist, jedoch fehlen an einigen Stellen einzelne Begriffe oder Sinnzusam-
menhänge, die nun von den Schülern richtig
eingesetzt werden sollen.

Variation: Die schriftlich einzusetzenden Begriffe
können auch durch entsprechende Zeichnungen
dargelegt werden.
Diese Übung eignet sich auch als Hausaufgabe.

Stichwort: BUCHSTABENSALAT

Ziel: Durch die Zusammensetzübungen von Wörtern sollen
neben der Rechtschreibung das Denken, Konzentrie-
ren und Sprachschaffen der Schüler gefördert werden, ebenso Festigung der Vokabeln.

Fächer: Deutsch

Klassenstufe: Ab 3

Voraussetzung: Keine

Sozialform: Einzelarbeit, Partnerarbeit, Gruppenarbeit

Zeit: Beliebig

Material: Ein Briefumschlag pro Schüler (Paar, Gruppe)
Buchstaben: Die Buchstaben können aus einem Scrabble-
Spiel sein oder auf kleinen Zetteln stehen.

Vorbereitung: Schreiben der Buchstaben auf Zettel

Durchführung: Jeder Schüler, jedes Paar oder jede Gruppe
erhält einen Briefumschlag mit vielen Buchstaben.
Die Schüler sollen nun aus den Buchstaben sinnvolle
Wörter bilden.

Variation:

1. Nicht Buchstaben, sondern Silben werden zu sinnvollen Wörtern zusammengesetzt.

2. Auf gleiche Weise lassen sich Komposita zusammensetzen.

3. Eine beliebige Anzahl von Vokablen wird vom Lehrer in Silben zerlegt und in alphabetischer Reihenfolge an die Tafel geschrieben. Die Kinder versuchen die Silben richtig zusammenzusetzen.

Ausdrucks-
fähigkeit

4. Der Lehrer wählt das Buchstabenmaterial so
    aus, daß die Schüler solche Wörter bilden,
    die für das nächste Diktat eingeübt werden
    sollen. Er kann die Umschläge auch so ver-
    teilen, daß die Wörter nacheinander gelesen
    einen Satz, einen Reim o.ä. ergeben. Diese
    Sätze oder Reime können gleichsam eine Über-
    leitung oder einen Einstieg zum nächsten
    Thema darstellen.

Stichwort: MALE EINEN SCHLUSS

Ziel: Anregung der Phantasie; Förderung der
Zeichenfähigkeit; Darstellung eines Ge-
schehens; Beschreibung eines Bildes.

Fächer: Deutsch

Klassenstufe: Ab 3

Voraussetzung: Keine

Sozialform: Beliebig

Zeit: ca. 20 Minuten

Material: Zeichenblock und -stifte

Vorbereitung: Geschichte ausdenken

Durchführung: Der Lehrer erzählt den Schülern eine
Geschichte, die einen möglichst handlungsvollen
Inhalt hat. Wichtig ist allerdings, daß das
Ende der Geschichte offen bleibt. Die Kinder sol-
len sich nun selbst ausdenken, wie der Schluß
aussehen könnte und ihre Version auf ein Blatt
Papier malen. Wenn alle fertig sind, wird je-
weils ein Bild besprochen. Gemeinsam soll die
Klasse das Bild ihres Mitschülers erläutern und
beschreiben.

Ausdrucks-
fähigkeit

Stichwort: BILDERGESCHICHTEN

Ziel: Schüler sollen lernen, Beobachtungen genau
zu verbalisieren.

Fächer: Deutsch, Fremdsprachen

Klassenstufe: Ab 2 bzw. 5

Voraussetzung: Keine

Sozialform: Jede Form möglich

Zeit: 45 Minuten

Material: Mehrere Bilder

Vorbereitung: Bildauswahl, ggf. zeichnen

Durchführung: Lehrer hängt ein Bild an die Tafel und
fragt die Schüler, was sie dabei empfinden. Er
fordert sie zur genauen Bildbeschreibung auf
(Farbe, Gegenstände, Personen etc.). Die gesamte Klasse beschreibt das Bild vollständig. Lehrer richtet Frage an die Klasse, wie die Geschichte wohl weiterführen könnte. Nachdem die Vermutungen der Schüler besprochen worden sind, wird
das zweite Bild an die Tafel gehängt. Nun erfolgt wiederum eine genaue und detaillierte Beschreibung durch die Schüler und er fordert sie
auf, die Geschichte anhand der beiden Bilder
weiterzuerzählen.
3. Bild bildet den Schluß der Geschichte.

Variation:
1. Schüler schreibt nach dem ersten Bild eine
eigene Geschichte.
2. SS spielen die Geschichte als Rollenspiel
nach.

Stichwort: BÜCHER RATEN

Ziel: Vertiefung der Ausdrucksfähigkeit.

Fächer: Deutsch

Klassenstufe: Ab 4

Voraussetzung: Keine

Sozialform: Klassenverband in Kreisform

Zeit: Beliebig

Material: Kein

Vorbereitung: Keine

Durchführung: Es sollen Bücher und ihre Verfasser
erraten werden. Das Spiel geht reihum, und
jeder Schüler kann zeigen, was er gelesen
und in Erinnerung behalten hat. Er trägt aus
dem von ihm gewählten Buch ein oder zwei
Sätze vor, anhand dessen die anderen das Buch
und den Autor erraten müssen.
Beispiele:
Viele hundert Geschichten muß ein Mädchen
Nacht für Nacht erzählen, um einen orienta-
lischen Herrscher von einer Hinrichtung ab-
zuhalten.
Lösung: Geschichten aus 1001 Nacht.

Ein alter Mann, noch rüstig und unternehmungs-
lustig, fängt einen großen Fisch, behält aber
nur die Gräten für sich, als er heimkommt.
Lösung: Der alte Mann und das Meer
(Ernest Hemingway)

Lit.-Hinweis: Zorn (1978)

Stichwort: ACHT ALBERNE AFFEN

Ziel: Erweiterung des Wortschatzes

Fächer: Deutsch

Klassenstufe: Ab 3

Voraussetzung: Keine

Sozialform: Gruppenarbeit

Zeit: Beliebig

Material: Kein

Vorbereitung: Keine

Durchführung: Es geht darum, Sätze zu bilden mit
mindestens fünf Wörtern. Jedes dieser Wörter
soll mit demselben Anfangsbuchstaben beginnen. Die Spielleiter jeder Gruppe losen die
Buchstaben unter sich aus. Q, X und Y werden
ausgenommen. Nun geht das Satzbauen los. Wenn
eine Gruppe fertig ist, müssen alle anderen
auch abbrechen. Man kann für die Sieger auch
Punkte verteilen. Die Sätze können völlig unsinnig sein, müssen aber grammatisch vollständig und richtig sein.

Lit.-Hinweis: Zorn (1978)

Ausdrucks-
fähigkeit

Stichwort: REPORTERSPIEL

Ziel: Phantasieanregung, Redegewandtheit,
Zusammenarbeit.

Fächer: Deutsch

Klassenstufe: Ab 3

Voraussetzung: Keine

Sozialform: Gruppenarbeit

Zeit: Beliebig

Material: Fotos und Bilder aus Illustrierten,
Scheren, 5-7 Bilder je Gruppe

Vorbereitung: Zeitschriften und Illustrierte
mitbringen.

Durchführung: Die Schüler werden in kleine Gruppen
zu etwa 5 Schülern aufgeteilt und erhalten
die Aufgabe, die Bilder in die richtige Reihenfolge zu bringen und daraus eine Reportage
aufzustellen. Aus der Gruppe wird dann ein Re-
porter gewählt, der die Reportage vorträgt,
möglichst auch im Reporterstil. Auswertung der
verschiedenen Vorträge.

Stichwort: DETEKTIV

Ziel: Beschreibung üben

Fächer: Deutsch

Klassenstufe: Ab 3

Voraussetzung: Keine

Sozialform: Klassenverband

Zeit: 30 - 40 Minuten

Material: Papier, Stifte

Vorbereitung: Keine

Durchführung: Jeder Schüler schreibt auf seinen Zettel genau, was er anhat, verändert nur ein einziges Stück (Detail) in seiner Beschreibung. Die Zettel werden eingesammelt und gemischt. Jeder Schüler zieht der Reihe nach einen Zettel und liest vor, die anderen (er selbst auch) raten, auf wen die Beschreibung paßt.

Ausdrucks-fähigkeit

Stichwort: RATE MAL ...

Ziel: Beschreibung eines Gegenstandes, freies
Sprechen, Zuhören, Zusammenfügen einzelner
Informationen zu einem Ganzen.

Fächer: Deutsch (bei entsprechender Sprachfertig-
keit auch andere Sprachen).

Klassenstufe: Ab 3

Voraussetzung: Keine

Sozialform: Gruppen

Zeit: Beliebig

Material: Gegenstand

Vorbereitung: Schüler bringen kleine, möglichst
originelle Gegenstände mit.

Durchführung: Jeder Schüler hat einen Gegenstand,
den er vor seinen Gruppenmitgliedern geheim
hält. Jedes Mitglied soll seinen Gegenstand
den anderen beschreiben, ohne daß es die Ge-
stik zu Hilfe nimmt. Die Zuhörer notieren
zum Schluß den ihrer Vermutung nach beschriebenen Gegenstand.
Nachdem jeder Schüler seinen Gegenstand vor-
gestellt hat, werden die Ergebnisse ausgetauscht. Die Schüler können so in der Gruppe
die Schwierigkeiten einer Beschreibung erkennen und sie gemeinsam zu lösen versuchen.

Variation:
1. Es kann nach jeder Beschreibung das Ergebnis der anderen genannt werden.
2. Die Gegenstände, die mitgebracht wurden
sollen/können einem Thema zugeordnet werden.

Stichwort: CHARAKTERISIERUNG

Ziel: 1. Der Schüler soll einen Gegenstand be-
         schreiben können.
      2. Jeder Schüler muß sich zu jedem Gegen-
         stand mindestens einmal artikulieren.
      3. Der Schüler soll sich konzentrieren,
         damit er nicht schon vorher Gesagtes
         noch einmal wiederholt.

Fächer: Deutsch

Klassenstufe: Ab 1

Voraussetzung: Keine

Sozialform: Gruppen

Zeit: 15 Minuten

Material: Jeder Schüler soll einen - möglichst klei-
          nen - Gegenstand mitbringen.

Vorbereitung: Keine

Durchführung: Der Gegenstand eines Schülers wird auf
          den Tisch gelegt. Reihum muß jeder Schüler min-
          destens einen Satz sagen, der den Gegenstand
          beschreibt. Der Schüler, dessen Gegenstand auf
          den Tisch gelegt wurde, beginnt mit dem ersten
          Satz und muß all die genannten Sätze stich-
          punktartig aufschreiben.
          Die anderen Schüler legen dann nacheinander
          ihren Gegenstand auf den Tisch.

Variation:
      1. Wiederholt ein Schüler vorher Gesagtes, so
         muß er für den nächsten Gegenstand die Sätze
         stichwortartig notieren.

Ausdrucks-
fähigkeit

2. Die vorher genannten Sätze müssen von jedem Schüler stets wiederholt werden.

3. Bei jedem genannten Satz zur Beschreibung des bestimmten Gegenstandes wird untersucht, welcher andere Gegenstand noch diese Eigenschaft hat.

Stichwort: WAS EINEM SO ALLES PASSIEREN KANN

Ziel: Ausdrucksfähigkeit üben

Fächer: Deutsch

Klassenstufe: Ab 2

Voraussetzung: Keine

Sozialform: Gruppen

Zeit: ca. 30 Minuten

Material: Schreibmaterial

Vorbereitung: Keine

Durchführung: Jeder Schüler innerhalb der Gruppe
denkt sich eine Geschichte unter dem Motto
aus: was mir schon passiert ist oder was
mir passieren kann.
Diese reale oder auch Phantasiegeschichte
erzählt der Schüler (ca. 2 Minuten) seinen
Mitschülern und läßt den Ausgang der Geschichte offen. Die Mitschüler haben zwei
Minuten Zeit, sich einen positiven Ausgang
für diese Geschichte auszudenken. Dann geben sie nacheinander ihren "Rat" bekannt.
Danach erzählt der nächste Schüler seine
Geschichte.
Die Schüler dürfen sich Notizen machen.

Variation: Die Schüler denken sich fächerbezogene
Geschichten aus.

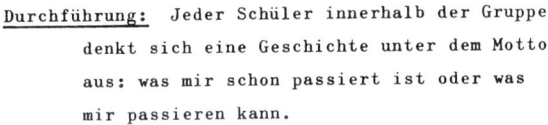

Stichwort: ROLLENSPIEL

Ziel: Argumentationsübung

Fächer: Deutsch

Klassenstufe: Ab 4

Voraussetzungen: Keine

Sozialform: Gruppen

Zeit: ca. 45 Minuten

Material: Papier, Schreibmaterial

Vorbereitung: Erfinden einer Konfliktsituation, an der maximal 4 Personen beteiligt sind. Vorbereiten von je einem Arbeitsbogen für jede Gruppe. Der Arbeitsbogen beinhaltet eine Szene, in der die Konfliktsituation entsteht, ferner einige Fragen zum Verständnis des Textes.

Durchführung: Die Klasse wird in Gruppen zu höchstens 4 Kindern eingeteilt. Die Arbeitsbögen werden verteilt. Nachdem die Kinder sich mit der Konfliktsituation vertraut gemacht und die Verständnisfragen unter sich besprochen haben, bekommen sie die Aufgabe, die Situation "weiterzuspinnen" und stichhaltige Argumente für jede einzelne an der Problemsituation beteiligte Person zu finden, die deren Position in dem Geschehen rechtfertigen bzw. verteidigen. Danach versucht jede Gruppe, die gefundenen Argumente in einem Rollenspiel darzustellen, in dem sie selber die Rollen der betreffenden Personen übernehmen.

Stichwort: BILDGESCHICHTE

Ziel: Übung des schriftlichen Ausdrucks

Fächer: Deutsch, Englisch, Französisch

Klassenstufe: Ab 3

Voraussetzung: Keine

Sozialform: Gruppen

Zeit: ca. 45 Minuten

Material: Schreibpapier, Schreibmaterial

Vorbereitung: Aussuchen von 2-4 inhaltlich zusammen-
hängenden Bildern. Die Bilder werden entweder
ungeordnet auf ein Blatt Papier fotokopiert, so
daß jeder Schüler sein eigenes Arbeitsmaterial
hat. Eine andere Möglichkeit wäre, die Bilder
auf DIN A2 Papier zu malen und an die Tafel oder
an eine Wand zu hängen, wo sie für jeden Schüler
sichtbar sind.

Durchführung: Die Klasse wird in Gruppen zu höchstens
5 Kindern eingeteilt. Die Bilder sollen bespro
chen werden; dann sollen die Schüler eine kurze
Geschichte zu den Bildern erfinden und aufschreiben. Danach wird die Geschichte der gesamten
Klasse vorgelesen, schwierige Satzkonstruktionen
gegebenenfalls an die Tafel geschrieben und dort
korrigiert.

Variation: Bilder werden mit Text vorgegeben, ergeben
aber keine ganze Geschichte. Der Schluß muß von
den Schülern erfunden werden.

Ausdrucks-
fähigkeit

Stichwort: ALTE FOTOS

Ziel: Übung der freien Rede innerhalb einer
Gruppe.

Fächer: Deutsch

Klassenstufe: Ab 1

Voraussetzung: Keine

Sozialform: Gruppenarbeit

Zeit: 20 - 30 Minuten

Material: Fotografien

Vorbereitung: Keine

Durchführung: Jeder Schüler bringt von zu Hause
eine alte Fotografie von sich mit.
Ein Gruppenmitglied versucht eine Situation
zu schildern, in der das Foto entstanden
sein könnte.
Anschließend berichtet der Schüler, wie
die Situation tatsächlich war.

Stichwort: WER IST DAS

Ziel: Beschreibungs- und Wortschatzübung

Fächer: Deutsch

Klassenstufe: Ab 3

Voraussetzung: Keine

Sozialform: Beliebig

Zeit: 10 - 15 Minuten

Material: Kein

Vorbereitung: Keine

Durchführung: Jeder Schüler sucht sich heimlich
einen Mitschüler aus, den er versucht zu
charakterisieren, und zwar nur mit Eigen-
schaftswörtern. Er hat eine bestimmte Zeit
zur Verfügung, in der er überlegen und sich
die zutreffenden Wörter notieren kann. Wenn
er an der Reihe ist, liest er sie nachher
vor, und die anderen Mitschüler müssen herausfinden, welcher Mitschüler gemeint war.

Variation: Diese Übung kann auch mit anderen Wortarten durchgeführt werden. Außerdem könnte
sich jeder Schüler selbst mit einer bestimmten Wortart charakterisieren und auf einen
Zettel schreiben. Die Zettel werden eingesammelt und gemischt wieder verteilt. Jeder
muß nun den Mitschüler finden, dessen Zettel
er hat. Wer seinen Partner nicht gefunden
hat, meldet sich, und alle suchen gemeinsam.

Ausdrucks-
fähigkeit

BESTIMMUNGSÜBUNGEN

Stichwort: SATZTEIL- UND WORTARTBESTIMMUNG

Ziel: Das richtige Zuordnen der Fachtermini soll geübt werden.

Fächer: Deutsch

Klassenstufe: Ab 5

Voraussetzung: Die Schüler müssen bereits die grammatikalischen Bestandteile des Satzes gelernt haben. Außerdem ist die Kenntnis der Wortarten Voraussetzung für diese Übung.

Sozialform: Beliebig

Zeit: 15-20 Minuten

Material: Für jeden Schüler je ein Blatt mit Raster.

Vorbereitung: Anfertigung eines Rasters (siehe Beispiel)

Durchführung: Jedes Kind erhält ein Blatt und soll das Raster ausfüllen. Der Lehrer überträgt in der Zwischenzeit das Raster auf die Tafel. Sind alle Schüler mit dem Ausfüllen fertig, so werden die Ergebnisse an die Tafel geschrieben. Damit kann gleichzeitig eine Besprechung verbunden werden.

Variation: Man gibt einen Text vor und läßt die Schüler die Satzteile und Wortarten erkennen und unterstreichen.

Bestimmungs-
übungen

Muster für das Raster

SATZ	SATZTEIL	WORTART
Wir	Subjekt	Personal Pronomen
machen	Prädikat	Verb
einen	akk.Objekt	unbest. Artikel
Ausflug		Substantiv

Stichwort: WÖRTERRATEN (1)

Ziel: Erlernen von Worteigenschaften

Fächer: Deutsch

Klassenstufe: Ab 3

Voraussetzung: Keine

Sozialform: Gruppen von etwa 10 Schülern

Zeit: Beliebig

Material: Kein

Vorbereitung: Keine

Durchführung: a) Die Gruppen setzen sich zusammen und
bestimmen einen Schüler aus ihrer
Gruppe.

b) Dieser Schüler denkt sich einen Begriff
und schreibt ihn auf einen Zettel.
(Der Zettel dient der späteren Kontrolle)

c) Die anderen Schüler stellen nun Fragen
nach Eigenschaften des Wortes, z.B. Verb
oder Substantiv? Verb der Bewegung?
Beschreibt es eine schnelle Bewegung?
etc.

d) Wenn das Wort erraten ist, darf derjenige, der es erraten hat, sich ein neues
Wort ausdenken.

Variation: Ein Gruppenmitglied schreibt die erkannten Eigenschaften des gesuchten Wortes auf und der Lehrer
sammelt diese Zettel nach dem Spiel ein und bespricht
mit der Klasse die Ergebnisse.

Bestimmungs-
übungen

Stichwort: WÖRTERRATEN (2)

Ziel: Lesen lernen und Kombinieren, Schulen des
Vorstellungsvermögens von Worten, Phantasie anregend.

Fächer: Deutsch

Klassenstufe: Ab 1

Voraussetzung: Die Schüler müssen bereits einige
Buchstaben und Wörter kennen.

Sozialform: Klassenverband

Zeit: Beliebig, je nach Anzahl der Wörterstreifen.

Material: Schmale Papierstreifen mit Abdeckblatt;
auf die Papierstreifen werden einfache Wörter
geschrieben.

Vorbereitung: Herstellung der Papierstreifen

Durchführung: Der Lehrer oder ein Schüler hält den
Wörterstreifen verdeckt hoch. Er beginnt die
Abdeckung langsam wegzuziehen, so daß die ein-
zelnen Buchstaben nacheinander erscheinen.

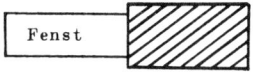

Die Schüler sollen die Buchstaben lesen, an-
einanderkoppeln und so das Wort erraten. Der
Schüler, der das Wort als erster erkannt hat,
darf den nächsten Wörterstreifen vorführen
und so fort.

Lit.-Hinweis: HOLSTEIN (1976)

Bestimmungs-
übungen

Stichwort: SATZTEILE

Ziel: Erkennen von Satzteilen

Fächer: Deutsch

Klassenstufe: Ab 5

Voraussetzung: Keine

Sozialform: Kleingruppe oder Partner

Zeit: Beliebig

Material: Kein

Vorbereitung: Keine

Durchführung: Die Partner sitzen einander gegenüber.

a) Der Lehrer gibt an, aus welchen Satzteilen sich die Antworten zusammensetzen dürfen.

b) Ein Partner stellt dem anderen Fragen, die sich sowohl auf den Partner als auch auf andere Gebiete beziehen dürfen.

c) Der andere Partner darf diese Fragen nur mit Hilfe der vom Lehrer zugelassenen Satzteile beantworten.

d) Nach einer vorher festgesetzten Zeit werden die Rollen getauscht.

Bei diesem Spiel mit Kleingruppen können entweder mehrere Schüler einen fragen oder ein dritter Schüler kontrolliert die Fragen und Antworten der beiden Partner.

Variation: Die Antworten dürfen nicht bestimmte Satzteile, sondern vorher festgelegte Wortarten umfassen.

Stichwort: WORTFAMILIE

Ziel: Die Zugehörigkeit von mehreren Begriffen zu
einer Wortfamilie soll erkannt werden.

Fächer: Deutsch

Klassenstufe: Ab 2

Voraussetzung: Keine

Sozialform: Gruppenarbeit (Gruppen von 6 Schülern)

Zeit: 5-15 Minuten, beliebig wiederholbar

Material: Karteikarten

Vorbereitung: Für jede Schülergruppe wird ein "Kartenspiel" hergestellt. Jedes Kartenspiel besteht aus
fünf Wortfamilien mit jeweils dem Grundwort und
weiteren vier Beispielen. Die Wörter werden auf die
Karteikarten geschrieben.
Beispiel: fahren - Fahrer - Fahrzeug - Fahrgast
- Fahrschule
spielen - Spieler - Spielzeug - Spielauto - Spiel
laufen - Läufer - Laufbahn - Lauf - Laufgitter

Durchführung: Die Karten werden gemischt und an alle
Schüler verteilt. Der Schüler links vom Kartengeber erhält eine Karte mehr und beginnt. Er gibt
eine Karte, die nicht in sein Spiel paßt, verdeckt
an seinen linken Nachbarn weiter und so fort. Man
gibt eine Karte von einer Wortfamilie, von der man
am wenigsten Wortbeispiele auf der Hand hat, weiter (im günstigsten Fall eine Einzelkarte). Hat
ein Schüler nun ein Quartett einer Wortfamilie zusammen, legt er seine Karten auf den Tisch; die
Mitspieler müssen ebenfalls sofort ihre Karten hinlegen. Derjenige, der sie zuletzt auf den Tisch
legt, ist "Schlafmütze".

Stichwort: WORTARTENMEMORY

Ziel: Unterscheiden der Wortarten Nomen -
      Adjektiv - Verb

Fächer: Deutsch

Klassenstufe: Ab 2/3

Voraussetzung: Keine

Sozialform: Gruppenarbeit (Gruppen von 4-5 Schülern)

Zeit: ca. 20 Minuten

Material: Wortkarten (gut eignen sich Karteikarten)

Vorbereitung: Für jede Schülergruppe werden 40-60 Wort-
      karten hergestellt, die mit unterschiedlichen
      Nomen, Adjektiven und Verben beschriftet werden.
      Die Nomen sollten sowohl im Singular als auch im
      Plural, die Adjektive sowohl in den Grund- als
      auch in den Steigerungsformen und die Verben so-
      wohl im Infinitiv als auch in konjugierter Form
      vorkommen.

Durchführung: Die Wortkarten werden gemischt und ver-
      deckt so auf den Tisch gelegt, daß keine Karte
      auf der anderen liegt. Ein Schüler beginnt und
      deckt zwei Karten auf. Gehören die beiden Karten
      einer Wortklasse an (Nomen-Nomen, Adjektiv-Adjek-
      tiv, Verb-Verb), darf der Schüler das Kartenpaar
      beiseite legen und nochmals zwei Karten aufdecken.
      Gehören die beiden Karten jedoch unterschied-
      lichen Wortklassen an, so muß er sie verdeckt
      wieder auf den Tisch legen, und der nächste Schüler
      ist an der Reihe. Das Spiel ist beendet, wenn alle
      Karten aufgedeckt wurden. Sieger ist derjenige, der
      die meisten Kartenpaare aufdecken konnte.

Variation: Der Schwierigkeitsgrad des Spiels wird
gehoben, wenn nur solche Paare abgelegt werden
dürfen, die auch von ihrer "äußeren Form" her
übereinstimmen. Das bedeutet, daß z.B. die beiden Nomen, die aufgedeckt werden, auch in gleicher Zahl (Singular oder Plural) erscheinen müssen.

Bestimmungs-
übungen

Stichwort: WORTSCHATZ

Ziel: Vergrößerung des Wortschatzes und Training
des Kurzzeitgedächtnisses.

Fächer: Deutsch

Klassenstufe: Ab 3

Voraussetzung: Keine

Sozialform: Gruppen von 5-8 Schülern

Zeit: Beliebig

Material: Kärtchen herstellen

Vorbereitung: Pro Gruppe mindestens ein Kärtchen
mit einem allgemein gefaßten Begriff.

Durchführung: Beliebige Gruppenbildung, die Gruppenmitglieder sitzen im Kreis

a) jede Gruppe erhält ein Kärtchen mit einem
Oberbegriff (z.B. "Haus")

b) ein Schüler nennt einen Unterbegriff (z.B.
"Hütte"), sein Nachbar den vorangegangenen
und einen neuen Begriff (z.B. "Haus-Hütte-
Kate"), der nächste Schüler fügt einen weiteren hinzu.

Wer einen Begriff vergißt oder keinen neuen hin-
zuzufügen weiß, scheidet aus.

Variation: 1. Nach einer vom Lehrer bestimmten Zeitspanne werden die Karten unter den Gruppen getauscht.

2. Die Reihenfolge wird nicht nach der Sitz-
ordnung bestimmt, sondern durch das Werfen eines Balles oder das Drehen einer
Flasche.

3. Es werden nicht Unterbegriffe zu einem Oberbegriff gesucht, sondern Worte mit gleichen
   Rechtschreibproblemen, z.B. Worte mit "eh".

Stichwort: WORTBAUSTEINE

Ziel: Begriffszusammensetzung und Anregung der
Phantasie

Fächer: Deutsch

Klassenstufe: Ab 3

Voraussetzung: Keine

Sozialform: Hufeisen

Zeit: Beliebig

Material: Kein

Vorbereitung: Die Schülergruppe, die etwas vorführt,
berät sich vorher (zu Hause oder vor der Stunde)
und verteilt die Rollen.

Durchführung: Eine Schülergruppe überlegt sich einen
Begriff, der aus mehreren Worten zusammengesetzt
ist und versucht diese einzelnen Worte darzustellen. Die übrigen Schüler müssen versuchen, diesen
zusammengesetzten Begriff zu erraten, z.B. "Blind-
darmoperation":

   1. Wort: blind
   2. Wort: Darm
   3. Wort: Oper
   4. Wort: Ration.

Jedes einzelne Wort wird nacheinander von der spie-
lenden Schülergruppe dargestellt.

Variation: Mit diesem Spiel lassen sich auch nicht zusammengesetzte Begriffe, wie z.B. "Baum", "Haus" usw.
darstellen.

Stichwort: LAUTSCHULUNG

Ziel: Unterscheiden können zwischen Lang- und
Kurzvokalen.

Fächer: Deutsch

Klassenstufe: Ab 3

Voraussetzung: Keine

Sozialform: Gruppenarbeit (Gruppen von 4-5 Schülern)

Zeit: ca. 10 Minuten

Material: Mehrere Würfel und Karteikarten

Vorbereitung: Für jede Schülergruppe benötigt man einen
Würfel und 40 Wortkarten, auf denen Wörter mit
langem und kurzem Vokal stehen.

Durchführung: Jeder Mitspieler erhält je drei Wortkarten,
die er offen vor sich auf den Tisch legt. Die restlichen Karten werden verdeckt im Stapel in die Mitte gelegt. Es wird reihum gewürfelt. Würfelt ein
Spieler eine 1, 2 oder 3, darf er alle diejenigen
Karten ablegen, die einen kurzen Vokal haben.
Er nimmt sich darauf vom Stapel so viele Karten, wie
er abgelegt hat, so daß er wieder drei Karten vor
sich liegen hat. Hat der Spieler keine Karte mit
kurzem Vokal, so muß er aussetzen. Würfelt der Spieler eine 4, 5 oder 6, darf er alle diejenigen Karten
ablegen, die einen langen Vokal haben. Das Spiel ist
beendet, wenn der Stapel abgebaut ist und ein Mitspieler keine Karten mehr hat. Derjenige, der die
meisten Karten ablegen konnte, hat gewonnen.

Stichwort: WORTFELDDOMINO

Ziel: Gelerntes festigen; Förderung der Phantasie
und der Ausdrucksfähigkeit.

Fächer: Deutsch, Fremdsprachen

Klassenstufe: Ab 3

Voraussetzung: Keine

Sozialform: Klassenverband

Zeit: 15 Minuten

Material: Kein

Vorbereitung: Keine

Durchführung: Der Lehrer schreibt ein Wort aus einem
Wortfeld an die Tafel. Die Schüler versuchen
jetzt Worte zu finden, deren Anfangsbuchstaben
sich an das gegebene Wort ansetzen lassen und
aus dem gleichen Feld stammen.
Z.B.:

```
                      president
                          ↑
   parliament            |            commons
           ↖             |             ↗
                     politics
              ↙           ↘ →  imperialism
   lords                    ↘
                        commonwealth
                          ↓
                     congressman
                          ↓
              congress
```

Variation: Als weitere Aufgabe könnten die Kinder versuchen, aus allen Worten eine Geschichte zu erfinden, sofern das Wortfeld es zuläßt.

Stichwort: SCRABBLE

Ziel: Kreativität, Wortschatzerweiterung

Fächer: Deutsch

Klassenstufe: Ab 4

Voraussetzung: Keine

Sozialform: Klassenverband

Zeit: Beliebig

Material: Tafel und Kreide

Vorbereitung: Keine

Durchführung: Der Lehrer schreibt ein Wort an die
Tafel. Die Schüler versuchen nun - einzeln
oder in kleinen Gruppen - zu diesem Begriff
passende Wörter zu finden, welche nach Kreuz-
wortart mit dem vorhandenen verbunden werden.
Jeder Schüler darf immer nur ein Wort in einem Durchgang "legen", damit alle zum Zug kommen.

Stichwort: WORTWURM

Ziel: Gedächtnisübung und Übung zur Bildung von
Substantiven

Fächer: Deutsch

Klassenstufe: Ab 3

Voraussetzung: Keine

Sozialform: Zwei Gruppen

Zeit: Beliebig

Material: Kein

Vorbereitung: Keine

Durchführung: Der Lehrer nennt ein zusammengesetztes
Substantiv wie z.B. Bahnhof. Die Gruppe, die
zuerst ein Substantiv findet, das mit dem letzten Wort (hier: Hof) beginnt, erhält einen
Punkt. Nennt ein Schüler dieser Gruppe z.B. das
Wort Hoftür, so muß nun ein Wort gesucht werden, das mit Tür beginnt.
Sieger ist die Gruppe, die in einer bestimmten Zeit die meisten Punkte erhielt.

GRAMMATISCHE   ÜBUNGEN

Stichwort: PLURALMEMORY

Ziel: Erlernen der Pluralbildung, Sprecherziehung.

Fächer: Deutsch

Klassenstufe: Ab 1

Voraussetzung: Keine

Sozialform: Gruppenarbeit

Zeit: Beliebig

Material: Je Gruppentisch ca. 20 Kärtchen
Die Karten können aus einem Memoryspiel oder einem
Bilderlotto sein. Es sollen aber nur Einzelgegenstände dargestellt sein.
2 Kartons oder Schalen je Gruppentisch.

Vorbereitung: Eventuell Selbstherstellen der Bildkärtchen
Man kann die Karten aber auch mit Hilfe der Schüler
leicht selbst herstellen. Dazu schneidet man Gegenstände, die für den Unterricht relevant sind, aus
einem Katalog oder Prospekt aus.
Diese Bilder werden auf die Kärtchen (evtl. alte
Spielkarten) geklebt.

Durchführung: Die Karten werden gut gemischt und verdeckt
in einen flachen Karton, eine Schale oder ähnliches
gelegt.
Die Schüler nehmen sich nacheinander eine Karte, benennen gleich den Gegenstand und bilden die Mehrzahl.
Bei richtiger Antwort darf der Schüler das Kärtchen
behalten. Bei falscher Antwort wird die Karte in die
zweite leere Schale gelegt. Sind alle Karten aus dem
ersten Karton gezogen, ziehen die Schüler die Karten
aus der zweiten Schale. Dieses Verfahren wird solange wiederholt, bis alle Kärtchen gezogen sind. Sieger ist, wer die meisten Karten hat.

Variation: 1. Die Schüler nennen die entsprechenden
Artikel zum Singular und Plural.

2. Die Schüler setzen ein passendes Adjektiv vor das Substantiv.

3. Die Schüler müssen verwandte Wörter
nennen (Wortfamilien).

4. Die Schüler müssen mit Hilfe der Wörter
kleine Sätzchen bilden.

Stichwort: KONJUNKTIONEN

Ziel: Konjunktionen verknüpfen Sätze

Fächer: Deutsch

Klassenstufe: Ab 3

Voraussetzung: Keine

Sozialform: Gruppen von 3 Schülern

Zeit: Beliebig

Material: Verschiedenfarbige Karteikarten

Vorbereitung: Auf sieben Karten werden sieben Konjunktionen geschrieben (und, oder, denn, aber, als,
weil, daß). Auf vierzehn Karten werden vierzehn
Sätze geschrieben. Diese Sätze müssen so gestaltet sein, daß immer zwei eng in einem inhalt-
lichen Zusammenhang zueinander stehen. Dabei wird
der eine Satz mit der Ziffer 1, der andere mit der
Ziffer 2 versehen. Die Sätze können so geartet sein,
daß sie eine kleine "Geschichte" darstellen.

Beispiel: 1 Ute kommt von der Schule nach Hause.

2 Sie klagt über Bauchschmerzen.

1 Mutter steckt Ute ins Bett.

2 Sie legt ihr ein Heizkissen auf den
Bauch.

1 Ute soll schlafen.

2 Die Schmerzen werden immer schlimmer.

1 Ist sie ernsthaft krank?

2 Hat sie sich nur den Magen verdorben?

1 Mutter ruft den Arzt an.

2 Sie macht sich Sorgen.

1 Der Arzt stellt eine Blinddarmentzündung
fest.

2 Er untersucht Ute.

1 Der Arzt berichtet der Mutter.
2 Ute muß ins Krankenhaus.

Die Sätze und Konjunktionen können auf verschieden-
farbiges Papier geschrieben werden.

<u>Beispiel:</u> Konjunktionen auf rotes Papier
Sätze mit 1 auf gelbes Papier
Sätze mit 2 auf grünes Papier.

<u>Durchführung:</u> Jeder Schüler der Gruppe erhält sieben
Karten: einer die Konjunktionen, einer die Sätze
mit der 1, einer die Sätze mit der 2. Die Schüler
legen ihre Karten offen vor sich hin. Der Schüler,
der die Sätze mit der 1 hat, legt einen beliebigen
in die Mitte. Der Schüler mit den 2er Sätzen sucht
einen heraus, der zu dem Satz mit der 1 paßt. Der
Schüler, der die Konjunktionen hat, versucht nun,
eine passende zu finden, die die Sätze sinnvoll miteinander verknüpft. Jede Konjunktion darf dabei nur
einmal verwandt werden. Die Schüler dürfen sich gegenseitig helfen und beraten. Die 3er Gruppe, die
zuerst ihre Sätze sinnvoll verknüpft hat, ist Sieger.
Die Gruppe, die zusätzlich auch die Sätze in die
richtige zeitliche Abfolge gebracht hat ("eine Geschichte gelegt hat"), erhält einen Sonderpunkt.

Stichwort: KASTENRÄTSEL

Ziel: Das Rätsel soll zur Übung eines bestimmten
        Buchstabens dienen. Es erfordert aber auch
        Phantasie und Kombinationsgabe.

Fächer: Deutsch

Klassenstufe: Ab 3

Voraussetzung: Keine

Sozialform: Beliebig

Zeit: Mindestens 10 Minuten

Material: Zettel mit dem abgebildeten Kastenrätsel

Vorbereitung: Ausdenken eines Kastenrätsels und
                Vervielfältigung.

Durchführung: Jedes Kind bekommt einen Zettel, der wie
                folgt aussehen kann:

Plural   Singular

FÜ ___ E

GRÜ ___ E

A ___ Ë

FÄ ___ ER

STÖ ___ E

NÜ ___ E

KLÖ ___ E

FLÖ ___ E

Bei dieser Übung geht es z.B. um den Buchstaben ß
bzw. ss. In der ersten Spalte, in der es sich aus-
schließlich um Pluralworte handelt, sollen sich die
Schüler für die ß-Schreibweise bzw. ss-Schreibweise

Grammatische
Übungen

entscheiden. In der zweiten Spalte sollen sie die
dazugehörigen Singulare bilden. Danach dürfen sie
mit einem Duden ihre Ergebnisse überprüfen und
berichtigen.

Stichwort: SÄTZEPUZZLE

Ziel: Gedacht als grammatische Wiederholungs- bzw.
Vertiefungsübung. Die Schüler sollen durch An-
einanderreihung der verschiedenen Kärtchen zu
einem vollständigen Satz zeigen, daß sie die
einzelnen grammatischen Elemente und deren Beziehung zueinander kennen. Üben und Festigen
der Rechtschreibung.

Fächer: Deutsch

Klassenstufe: Ab 3

Voraussetzung: Keine

Sozialform: Die Aufgabe kann in Gruppenarbeit, aber auch
von jedem Schüler einzeln gelöst werden.

Zeit: Ist beliebig, das Spiel kann jedoch als Anknüpfungs-
punkt für die gesamte Unterrichtsstunde dienen.

Material: Kleine Kärtchen

Vorbereitung: Die Kärtchen müssen vorher vom Lehrer mit
einzelnen Wörtern (Substantive, Verben, Artikel ...)
beschrieben werden, so daß die Schüler daraus einen
vollständigen Satz bilden können.

Durchführung: Der Lehrer verteilt an die Schüler eine un-
bestimmte Anzahl von Kärtchen, die alle Elemente zur
Bildung von Sätzen enthalten. Die Schüler haben die
Aufgabe, so viele Kärtchen wie möglich in sinnvoller
Weise zusammenzusetzen. Haben alle ihre Aufgabe er-
füllt, werden die Sätze von den Schülern an die Ta-
fel geschrieben und die grammatisch interessanten
Punkte gemeinsam erläutert.

Variation: 1. Ohne Kärtchen! Der Lehrer denkt sich einen
langen Satz aus und schreibt die einzelnen

Teile völlig ungeordnet an die Tafel. Gemeinsam werden die Satzelemente bestimmt
und in sinnvoller Weise zusammengesetzt.

2. Man nimmt farbige Kartonbögen (am besten
eignen sich Karteikarten). Auf diese Karten werden Wörter, bzw. Wortgruppen nach
folgendem System geschrieben:
Auf rote Karten werden die Verben und auf
grüne Karten die Substantive geschrieben.
Jeder Schüler erhält die farbigen Kärtchen. Seine Aufgabe besteht nun darin, die
Wörter zu sinnvollen Sätzen in einer Ge-
schehnisfolge zusammenzustellen.
Beispiel: Thema - "Am Morgen"
Der Wecker / Alle / Die Mutter / Die Kinder / Das Kaffeewasser / Der Tisch / klin-
gelt / steht sofort auf / kocht / gähnen
erst noch einmal / ist gedeckt / essen und
trinken - .
Durch die Farbmarkierungen wird versucht,
gleichzeitig ein Gefühl für die Funktionen
der betreffenden Satzteile zu entwickeln.
Nachdem die Schüler die Wörter und Sätze
richtig einander zugeordnet haben, können
sie die Geschichte abschreiben, um sich die
einzelnen Wörter besser einzuprägen.

3. Man kann von den Kindern zu dem Thema ein
Bild malen lassen, so wird die Situation
noch lebendiger. Mit diesem Bild ist es möglich, die Kinder einige Tage später in einem "stummen Diktat" die Folge wiederholen
zu lassen.

4. Die Folge kann auch in höheren Klassen
   weitergeführt werden. Hier wird die Satz-
   gliederung durch Ergänzungen und Umstands-
   bestimmungen weiter differenziert.

Stichwort: UMKEHRPROBE

Ziel: "Plastische" Anwendung einer grammatischen
Regel zur Festigung.

Fächer: Deutsch

Klassenstufe: Ab 4

Voraussetzung: Keine

Sozialform: Gruppenarbeit (ca. 4 Schüler)

Zeit: Beliebig

Material: Plakate aus Karton (ca. 30 x 20 cm)

Vorbereitung: Plakate mit Worten herstellen. Pro
Plakat ein Wort. Drei Plakate bilden einen
Satz z.B.

| der Hund | beißt | den Mann |

<u>Durchführung:</u> Die Klasse teilt sich in Gruppen
a 4 Schüler auf. Drei Schüler erhalten je
ein Plakat, das sie auf Brusthöhe tragen.
Sie stellen sich immer wieder um. Nach jedem
Umstellen schreibt der vierte Schüler (Schriftführer) den entstandenen Satz auf. Danach wech-
selt der Schriftführer, das geht solange bis
jeder einmal Schriftführer war.

<u>Hinweis:</u> Die Ergebnisse der Gruppen müssen alle be-
sprochen werden, da sich durch die Umstellpro-
be auch Fragesätze ergeben.

Grammatische
Übungen

Stichwort: ZAUBERKREIS

Ziel: Grammatikübung, Indikativ - Konjunktiv

Fächer: Deutsch, Fremdsprachen

Klassenstufe: Ab 4

Voraussetzung: Keine

Sozialform: Einzelarbeit, Partnerarbeit, Gruppenarbeit

Zeit: 10-15 Minuten

Material: Zauberkreis

Vorbereitung: Es wird ein Kreis hergestellt;
gut eignet sich dafür stärkeres Papier. Der
Kreis wird in acht gleiche Teile unterteilt.
In die acht Teilstücke werden Indikativfor-
men von Verben geschrieben. Auf die Kärtchen
des Außenringes werden die dazugehörigen Konjunktivformen geschrieben.

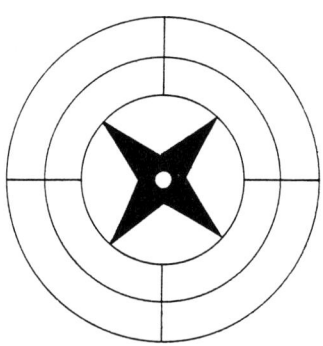

Durchführung: Die Aufgabe der Schüler ist jetzt,
die richtigen Konjunktivformen den Indika-
tivformen zuzuordnen.

<u>Variation:</u> 1.   Das Erkennen von Wortfamilien

z.B.: fahren - Fahrkarte - Fahr-
   rad - Fahrbahn

Die Schüler müssen die Kärtchen so
legen, daß die Wortfamilien jeweils
in einer Linie liegen.

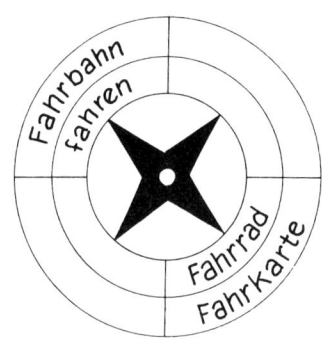

2.   Üben von Vokabeln

Die Schüler müssen den Vokablen die
deutsche Bedeutung zuordnen.

Stichwort: SCHREIBSTAFETTE

Ziel: Konzentration, Kooperation

Fächer: Deutsch

Klassenstufe: Ab 4

Voraussetzung: Keine

Sozialform: Gruppen

Zeit: Beliebig

Material: Tafel und Kreide

Vorbereitung: Keine

Durchführung: Es werden 2-3 Mannschaften zu je 10 Personen gebildet. Die Mannschaften stellen sich in einer Entfernung von 3-4 m von der Tafel hintereinander auf. Der erste Spieler jeder Gruppe bekommt ein Stück Kreide. Auf das Kommando des Spielleiters läuft er zur Tafel, schreibt ein Wort darauf, läuft dann zu seiner Mannschaft zurück und übergibt dem 2. Spieler die Kreide. Dieser läuft ebenfalls nach vorn und fügt ein weiteres Wort hinzu und so fort, daß am Ende der Staffel ein vollständiger, sinnvoller Satz an der Tafel steht. Dieser Satz muß am Schluß mindestens ebensoviele Worte wie Spieler in der Gruppe sind haben. (Jeder zurückgekommene Spieler schließt sich am Ende seiner Reihe an, die anderen rücken vor.) Die Gruppe, die ihren vollständigen Satz zuerst fertig hat, ist Sieger.

Lit.-Hinweis: Schwalbacher Spielkartei (1977)

Stichwort: SANDWICH-METHODE

Ziel: Grammatikübung, Erkennen von Wortarten.

Fächer: Deutsch

Klassenstufe: Ab 3

Voraussetzung: Substantiv, Adjektiv, Verb,
    Artikel.

Sozialform: Gruppenarbeit, Klassenverband

Zeit: 10-20 Minuten

Material: Alte Zeitungen, dickschreibender Filzstift.

Vorbereitung: Auf die Doppelseiten der alten Zeitun-
    gen werden die Oberbegriffe: "Substantiv", "Ad-
    jektiv", "Verb", "Artikel", ... geschrieben.
    Auf die anderen Zeitungen werden Beispiele hier-
    für geschrieben.
    In die Mitte jeder Zeitungsseite schneidet man
    ein Loch, damit der Kopf durchpaßt.

Durchführung: Jeder Schüler bekommt eine Zeitung um-
    gehängt und bildet so ein "Sandwich".

Grammatische
Übungen

Die Kinder mit den Oberbegriffen auf den Zeitungen verteilen sich im Raum, und die anderen Schüler müssen sich ihnen nach den Wortarten zuordnen.

Stichwort: DER GOLDFISCH SINGT

Ziel: Vertiefung der Grammatik,
Erweiterung des Wortschatzes.

Fächer: Deutsch

Klassenstufe: Ab 3

Voraussetzung: Keine

Sozialform: Klassenverband, Gruppen in Kreisform.

Zeit: Beliebig

Material: Je Schüler ein DIN A4 Zettel
und ein Schreibstift.

Durchführung: Die Schüler in Kreisform an Tischen.
Auf Ansage des Lehrers schreiben die Schüler
zuerst ein Substantiv mit Artikel auf ihren
Zettel. Dann wird das Blatt umgeknickt und
an den Nachbarn weitergegeben. Als nächstes
schreibt jeder ein Verb in der 3. Person Sing.
auf. Wieder wird das Blatt umgeknickt und weitergegeben. Dann folgt ein Adjektiv, dann eine
Präposition, schließlich noch einmal ein Substantiv mit Artikel. Nun wird ein letztes Mal
weitergegeben. Hier werden die Zettel ausein-
andergefaltet und die entstandenen Sätze vorgelesen.

Grammatische
Übungen

GEMISCHTES

Stichwort: TEEKESSELCHEN

Ziel: Synonyme finden

Fächer: Deutsch

Klassenstufe: Ab 1

Voraussetzung: Den Schülern müssen die Begriffe
bekannt sein.

Sozialform: Beliebig

Zeit: Beliebig

Material: Kein

Vorbereitung: Keine

Durchführung: Zwei oder mehr Schüler verlassen den
Raum und suchen sich ein sinnverwandtes Wort-
paar aus (Schloß - Schloß). Ohne das Wort zu
nennen, müssen sie versuchen, ihr Teekesselchen so darzustellen, daß die Mitschüler die
Synonyme raten können. Sie müssen charakte-
ristische Eigenschaften nennen.

Variation:

1. Berufe darstellen, die erraten werden
   müssen.
2. Tiere darstellen, die erraten werden
   müssen.

Gemischtes

Stichwort: BANDWURMSATZSPIEL

Ziel: Erhöhung der Konzentration

Fächer: Deutsch

Klassenstufe: Ab 1

Voraussetzung: Keine

Sozialform: Gruppenarbeit oder Klassenverband

Zeit: Beliebig

Material: Pfandkärtchen

Vorbereitung: Pfandkärtchen schneiden

Durchführung: Jeder Schüler sagt nacheinander
ein neues Wort, wobei er die vorher ge-
sagten Wörter wiederholen muß.

Beispiel:

1. Schüler	2. Schüler	3. Schüler	4. Schüler	5. Schüler usw.
Ich	Ich	Ich	Ich	Ich
	gehe	gehe	gehe	gehe
		morgen	morgen	morgen
			zum	zum
				Reiten

Wenn ein Schüler etwas falsch sagt, muß er ein Pfandkärtchen abgeben. Wer die wenigsten Kärtchen abgegeben hat, hat gewonnen.

Stichwort: WIR BAUEN EIN HAUS

Ziel: Die Schüler sollen auf das Unterrichtsthema
eingestimmt werden. Ferner sollen sie motiviert werden, über die Buchstaben bzw. die
Schreibweise von Wörtern nachzudenken. Training des logischen Denkvermögens bzw. der Kom-
binationsfähigkeit.

Fächer: Deutsch

Klassenstufe: Ab 1

Voraussetzung: Betrifft das 1. Schuljahr: Die Schüler
müssen grundsätzlich das Lesen und die Buchsta-
benbezeichnungen beherrschen.

Sozialform: Beliebig

Zeit: 5 Minuten

Material: Tafel und Kreide

Vorbereitung: Keine

Durchführung: Der Lehrer denkt sich ein Wort aus und
malt für jeden Buchstaben ein Kästchen an die
Tafel. Beispiel: "Autobus"

Der Anfangsbuchstabe wird in das Kästchen vorgegeben. Die Schüler sollen nun Buchstaben nennen,
die in das gesuchte Wort hineinpassen könnten.
Für jeden falschen Buchstaben darf der Lehrer einen Strich an seinem Haus machen. So sieht das Haus
aus: (6 Striche)

Andernfalls wird der Buchstabe in das entsprechende Kästchen eingetragen. Hat der Lehrer sein Haus fertig gebaut, bevor das Wort erraten ist, so hat er gewonnen; andernfalls die Schüler.

Variation: Ein Schüler denkt sich ein Wort aus und führt selbst den Wettkampf gegen die Klasse durch.

Stichwort: FACHAUSDRÜCKE

Ziel: Erklären von Fachausdrücken, Fremdwörtern.

Fächer: Deutsch

Klassenstufe: Ab 3

Voraussetzung: Keine

Sozialform: Gruppenarbeit (Gruppen von 4-5 Schülern)

Zeit: 10-20 Minuten

Material: Gelbe und blaue Karteikarten

Vorbereitung: Auf ca. 20 gelbe Karteikarten werden Fachausdrücke (z.B.: Jolle, Mast, Schwert, Pinne, Bug
usw.) geschrieben. Die Erklärungen der Fachausdrücke (z.B.: kleines Segelboot) werden auf die
blauen Karteikarten geschrieben.

Durchführung: Jede Schülergruppe erhält gleich viele Karten, dann werden sie gemischt. Die eine Hälfte der
Karten wird aufgedeckt untereinander auf den Tisch gelegt. Die andere Hälfte der Karten wird gleichmäßig
an alle Schüler einer Gruppe verteilt. Im Reihumverfahren müssen die Schüler nun jeweils einen ihrer
Begriffe dem richtigen Fachausdruck, oder umgekehrt,
zuordnen. Die anderen Schüler müssen dabei aufpassen, daß ihr Mitspieler richtig anlegt. Trifft dieser eine falsche Zuordnung, so muß er die Karte zu-
rücknehmen und warten, bis er wieder an der Reihe
ist.

Variation: Dieses Spiel kann auch als Gruppenwettspiel
durchgeführt werden. Die Gruppe, die zuerst alle
Karten richtig zugeordnet hat, ist Sieger.

Gemischtes

Stichwort: ZUBLINZELN

Ziel: Gedächtnis und Konzentrationsvermögen üben

Fächer: Deutsch

Klassenstufe: Ab 3

Voraussetzung: Die Schüler sollen als Hausaufgabe
ein Gedicht auswendig gelernt haben.

Sozialform: Stühle werden im Kreis aufgestellt

Zeit: Beliebig

Material: Kein

Vorbereitung: Keine

Durchführung: Bei z.B. 31 Schülern muß der Kreis aus 16 Stühlen bestehen. 15 Schüler setzen sich auf die Stühle, 16 stellen sich hinter je einen. Ein Schüler hat keinen Partner und steht vor einem leeren Stuhl. Er versucht jetzt, durch "Zublinzeln" mit den Augen einen der sitzenden Schüler auf seinen leeren Stuhl zu locken. Die stehenden Schüler müssen die Hände auf den Rücken legen und aufpassen, daß der alleinstehende Schüler nicht seinen sitzenden Partner "wegblinzelt". Dazu darf er seinen Partner bei Gefahr an den Schultern festhalten. Wer nicht aufpaßt oder nicht schnell genug reagiert, dessen sitzender Partner läuft davon und setzt sich auf den freien Stuhl. Jetzt muß der Schüler, dessen Partner davongelaufen ist, einen Vers des Gedichtes aufsagen, und danach muß er sich einen neuen Partner "heranblinzeln". Hat er einen neuen Schüler vor sich sitzen, muß der jetzt alleinstehende Schüler einen Teil des Gedichtes aufsagen. Dann wird gewechselt. Alle sitzenden Schüler stellen sich hin und alle, die gestanden haben, können sich setzen.

Gemischtes

Stichwort: RECHENQUARTETT

Ziel: Übung und Vertiefung der Grundrechenarten;
Konzentrationsübung.

Fächer: Mathematik

Klassenstufe: Ab 2

Voraussetzung: Keine

Sozialform: Gruppenarbeit

Zeit: Beliebig

Material: Pro Gruppentisch ein Quartettspiel
(32 Karten). Die Karten müssen aus demselben
Material sein. Auf die Karten werden Aufgaben
geschrieben. Je nach Stoffgebiet Additions-,
Subtraktions-, Multiplikations- und Divisions-
aufgaben. Jeweils vier Aufgaben ergeben das
gleiche Ergebnis, diese Karten bilden dann zusammen ein Quartett.

Vorbereitung: Quartette herstellen

Durchführung: Jeder Gruppentisch erhält ein Quartettspiel. Die Karten werden gemischt und an die
Schüler verteilt. Die Schüler müssen nun die
Quartette mit gleichem Ergebnis sammeln.
Der Schüler rechts vom Kartengeber erhält eine
Karte mehr und beginnt. Er gibt eine Karte, die
nicht in sein Spiel paßt, verdeckt an seinen
rechten Nachbarn weiter und so fort.
Hat ein Spieler ein "Rechenquartett" zusammen,
so legt er seine Karten auf den Tisch und ist
der Sieger.

Mathematik

Variation

1. Variation: Das Quartett könnte zu einem Terzett gemacht werden, ebenso könnte es zu einem Sextett erweitert werden.

2. Variation:

Ziel: Grammatikübung; Erkennen von Substantiven, Adjektiven, Verben.

Fächer: Deutsch

Klassenstufe: Ab 2

Sozialform: Gruppenarbeit

Material: Die Karten werden mit Substantiven, Adjektiven, Verben, Artikeln, Personalpronomen etc. beschriftet.

Durchführung: Die Schüler sollen die Quartette mit den gleichen Wortgruppen sammeln.

Stichwort: VIER-ECKEN-SPIEL

Ziel: Schüler sollen in einem kleinen Wettkampf neue
        Mathematikaufgaben wiederholen und trainieren.
        Training des Kopfrechnens. Das Spiel soll den
        Anreiz zum Erlernen auch von neuen Rechenarten
        erhöhen.

Fächer: Mathematik

Klassenstufe: Ab 1

Voraussetzung: Eine neue Rechenart ist in der Klasse be-
        reits vorbereitet, zumindest aber kurz angesprochen.

Sozialform: Beliebig

Zeit: ca. 5 Minuten, je nach Lust der Schüler

Material: Kein

Vorbereitung: Keine

Durchführung: In jede Ecke der Klasse stellt sich ein
        Schüler (auf freiwilliger Basis). Der Lehrer stellt
        dann eine Rechenaufgabe, die es zu lösen gilt. Der-
        jenige Schüler, der die Aufgabe als erster gelöst
        hat, darf eine Ecke weitergehen (im Uhrzeigersinn).
        Die nächste Aufgabe folgt. Das Spiel ist beendet,
        wenn jeder Schüler seine eigene Ecke wieder erreicht
        hat. Es läßt sich je nach Lust der Schüler mehrmals
        wiederholen.

Variation: Die Schüler, die im Moment nicht mitspielen,
        stellen ihren Mitschülern in den Ecken die Aufgaben.

Mathematik

Stichwort: ECKENRECHNEN

Ziel: Schnelles Rechnen in spielerischer Form.

Fächer: Rechnen

Klassenstufe: Ab 3

Voraussetzung: Die Rechenaufgaben müssen schon
vorher geübt worden sein.

Sozialform: Beliebig

Zeit: ca. 5 Minuten

Material: Kein

Vorbereitung: Keine

Durchführung: Vier Schüler stellen sich in je
eine Ecke des Raumes. Der Lehrer stellt
eine Aufgabe. Wer sie ausgerechnet hat,
ruft das Ergebnis laut in die Klasse.
Wer als erster die Aufgabe richtig ausgerechnet hat, darf eine Ecke weiter gehen.
Der Schüler, der dort stand, setzt sich.
Wer als letzter stehen bleibt, hat gewonnen.

Variation: In den Ecken können auch mehrere
Schüler stehen, die dann erst ihre Ergebnisse vergleichen müssen, bevor sie sie in
die Klasse rufen.

Stichwort: RECHENLOTTO

Gefordert wird hierbei, daß die Übereinstimmung
zwischen Ergebnis und Aufgabe hergestellt wird.

Ziel: Übung und Vertiefung der Grundrechenarten

Fächer: Mathematik

Klassenstufe: Ab 2

Voraussetzung: Keine

Sozialform: Einzelarbeit, Partnerarbeit

Zeit: Beliebig (je nach Menge der Karten)

Material: Pro Schüler Aufgabenkarten und dazu
Ergebniskärtchen

20-14				6
		11-5		6

Vorbereitung: Karten herstellen

Durchführung: Jeder Schüler erhält eine Karte mit
Rechenaufgaben und die dazugehörigen Ergeb-
niskärtchen.
Die richtigen Ergebniskärtchen sollen den
Rechenaufgaben zugeordnet werden.

Variation:

1. Anzahl der Ergebniskärtchen stimmt nicht
mit den Aufgaben überein (z.B. doppelte
Anzahl).

2. Auf einen Bogen werden Zahlen geschrieben,
auf kleine Kärtchen Rechenaufgaben. Die
Rechenaufgaben müssen den Zahlen zugeordnet
werden. Es können auch mehrere Aufgaben auf
ein Ergebnis fallen.

Mathematik

3. Das gleiche Verfahren kann man auch für
den Erdkunde- und Geschichtsunterricht
anwenden. Bei diesem Bilderlotto werden
die richtigen Bezeichnungen für Gebäude,
Denkmäler, Sehenswürdigkeiten, Städten,
etc. zugeordnet.

Stichwort: STROHHALME

Ziel: Den Schülern sollen Erfahrungen in der Anordnung
von Reihen vermittelt werden. Sie sollen lernen,
systematisch an eine Sache heranzugehen, d.h. in
diesem Fall zuerst den längsten (oder kürzesten)
Strohhalm herauszugreifen und methodisch darauf
aufzubauen.

Fächer: Mathematik

Klassenstufe: Ab 1

Voraussetzung: Keine

Sozialform: Beliebig

Zeit: Beliebig

Material: Sechs Trinkhalme

Vorbereitung: Die Schüler bringen von zu Hause sechs
Trinkhalme und eine Schere mit.

Durchführung: Der Lehrer weist die Schüler an, einen Trink-
halm in voller Länge zu lassen; vom zweiten 2 cm, vom
dritten 4 cm, vom vierten 6 cm abzuschneiden usw., so
daß sechs Strohhalme in abgestufter Länge entstehen.
Die Schüler sollen die Strohhalme mischen, sie auf den
Tisch legen und sie in Treppenstufen anordnen.

Mathematik

Stichwort: WIEVIEL PLATZ BENÖTIGEN WIR ?

Ziel: Begriffe der Mathematik in einer praktischen
Situation anwenden.
Flächen berechnen und ausmessen.
Raumaufteilungen unter ökonomischen Gesichts-
punkten planen.

Fächer: Mathematik, Sachkunde

Klassenstufe: Ab 4

Voraussetzung: Keine

Sozialform: Gruppenunterricht

Zeit: Beliebig

Material: Zollstöcke

Vorbereitung: Am besten ist es, wenn man einen Archi-
tekten zu einem Gespräch in die Klasse einlädt.
Dieser kann den Kindern erklären, wie wichtig es
ist, Räume effektiv zu nutzen, und er kann ihnen
Entwurfszeichnungen zeigen.

Durchführung: Der Lehrer bestimmt einen Teil des Klassenzimmers, der als Verkaufsraum verwendet werden
soll. Die Kinder sollen diesen Raum ausmessen.
Quadratische und rechteckige Tische sollten als
Ladentheken verwendet werden. Auch diese sollten
die Kinder ausmessen.
Der Lehrer teilt die Klasse in Gruppen auf, die
Architektenteams bilden und verschiedene Anordnun-
gen der Tische auf der Verkaufsfläche planen.

Stichwort: RECHENSKAT

Ziel: Übung und Vertiefung der Grundrechenarten

Fächer: Mathematik

Klassenstufe: Ab 3

Voraussetzung: Keine

Sozialform: Gruppentische (vier Schüler)

Zeit: Beliebig

Material: Für jede Schülergruppe:
24 Aufgabenkarten und 24 Ergebniskarten

Vorbereitung: Für jede Schülergruppe werden 24 Aufgabenkarten und 24 Ergebniskarten hergestellt; am besten
eignet sich stabiler Karton. Die Karten müssen alle
aus demselben Material sein, die Rückseiten gleich.
Der Arbeitsaufwand lohnt sich, da das Spiel eine
starke Spannung erzeugt und es gerne gespielt wird.

Durchführung: Die 24 Aufgaben- und Ergebniskarten werden
an die vier Schüler der Gruppe verteilt. Jeder Schüler nimmt sechs Lösungskarten in die Hand und legt
sechs Aufgabenkarten mit der Rückseite nach oben vor
sich hin. Der Reihe nach darf jeder Schüler ein Aufgabenkärtchen umdrehen. Der erste Schüler beginnt
und legt das Kärtchen $\boxed{4 \times 5 =}$ auf den Tisch. Alle
müssen sofort das Ergebnis ausrechnen, um festzu-
stellen, ob sie die passende Antwortkarte haben.
Nur ein Schüler besitzt die Lösungskarte. Wirft er
sie rechtzeitig auf den Tisch, so hat er die Karte
"gestochen" und darf beide Karten fortnehmen.
Überlegt er zu lange, bleibt er auf seiner Antwortkarte sitzen, und derjenige, der gerade mit dem
"Anspielen" an der Reihe ist, gewinnt die einzelne
Aufgabenkarte.

Legt ein Schüler eine falsche Karte ab, so gewinnt derjenige <u>drei</u> Karten (die falsche und
richtige Antwortkarte und die Aufgabenkarte),
der das richtige Ergebnis nennt.

Um ein Hinausschreien des richtigen Ergebnisses
zu vermeiden, wird das richtige Ergebnis zuerst
vom "Anspielenden" und - falls er es nicht weiß -
im Kreis herum der Reihe nach genannt.

Angenommen, der Anspieler legt selbst die falsche
Karte, so darf zuerst der zweite Spieler das richtige Ergebnis nennen. Er gewinnt dabei drei Karten.

Auf dreifache Weise können also Karten gewonnen
werden:

Eine Karte (Aufgabenkarte), wenn zu lange Zeit
verstreicht, bis das Ergebnis genannt wird.

Zwei Karten (Aufgaben- und richtige Lösungskarte),
wenn durch die richtige Lösungskarte "gestochen"
wird.

Drei Karten (Aufgaben-, falsche und richtige Lösungskarte), wenn eine falsche Karte gelegt und,
beim Anspielenden angefangen, im Kreis herum jeder der Reihe nach aufgefordert ist, das richtige
Ergebnis zu nennen.

Gewonnen hat am Schluß derjenige, der die meisten
Karten besitzt.

<u>Hinweis:</u> Zu regeln ist bei dieser Spielanweisung noch die
Zeit. Sie muß so lange dauern, daß auch schwächere
Schüler die Aufgabe noch richtig ausrechnen können;
sie muß andererseits so begrenzt sein, daß man
noch von einem Schnellrechnen sprechen kann.

Gut bewährte sich ein Spruch wie:
"Rechne, rechne einmal 'rum, deine Zeit ist
um!"

Derjenige, der anspielt (also die Aufgabenkarte umdreht), sagt den Spruch. Bei "um" legt er
die Hand auf die Aufgabenkarte. Jetzt kann sie
nicht mehr "gestochen" werden.
Eine andere Möglichkeit, um eine bestimmte Zeit
für das Ausrechnen festzulegen, ist das Zählen
und Klopfen bis zehn. Dies erwies sich jedoch
als störend beim Ausrechnen.

Stichwort: ZAHLENRASTER

Ziel: Wiederholung und Festigung von Addition und
Subtraktion

Fächer: Mathematik

Klassenstufe: Ab 3

Voraussetzung: Keine

Sozialform: Einzel- und Gruppenarbeit

Zeit: Beliebig

Material: Projektor mit Arbeitsfolie oder Arbeitsblätter oder Tafelbild

Vorbereitung: Anfertigung einer Arbeitsfolie oder
der Arbeitsblätter

Durchführung: Der Lehrer zeigt das Schaubild, das ein
Raster aus vielen Kästchen ist. Links unten gehen
ein Pfeil nach oben, ein Pfeil nach rechts. In
den senkrechten Pfeil nach oben wird die Zahl
+ 16 eingetragen, die addiert werden soll, in den
waagerechten Pfeil nach rechts wird die Zahl - 13
eingetragen, die subtrahiert werden soll. In dem
ersten Kästchen links unten muß eine Zahl vorgegeben sein. Die Schüler sollen nun von dieser Zahl
aus entweder senkrecht nach oben + 16 addieren
oder - 13 subtrahieren.

Variation: Mit Hilfe des diagonalen Rechnens können die
Schüler erkennen, daß es immer eine Differenz von
+ 3, - 3 ergibt.

Stichwort: PARTNER-MITNEHMEN

Ziel: Festigung der Grundrechenarten;
Förderung des Sozialverhaltens der Schüler.

Fächer: Mathematik

Klassenstufe: Ab 2

Voraussetzung: Keine

Sozialform: Beliebig

Zeit: Beliebig

Material: Kein

Vorbereitung: Keine

Durchführung: Die ganze Klasse steht auf und es wird
eine Rechenaufgabe gestellt. Wer die Lösung weiß,
ruft die Antwort und kann sich hinsetzen.
Um nun aber zu vermeiden, daß am Ende immer die
gleichen Schüler stehenbleiben, darf jeder, der
zuerst eine richtige Lösung wußte, einen Schüler
suchen, der sich ebenfalls setzen darf.

Mathematik

Stichwort: ZAHLENQUARTETT (ZAHLENPOKER)

Ziel: Rechenoperationen sollen spielerisch eingeübt werden.

Fächer: Mathematik

Klassenstufe: Ab 2

Voraussetzung: Keine

Sozialform: Gruppenarbeit (4 Schüler)

Zeit: 45 Minuten

Material: Je nach Größe der Klasse 6-8 selbstgefertigte Quartetts (Kunstunterricht: Pro Quartett vier verschiedenfarbige Kartenreihen mit den Ziffern 1 - 20 = 80 Karten) oder ebensoviele "Elfer Raus"-Spiele.

Vorbereitung: Gruppenbildung

Durchführung: In seiner Einführung erinnert der Lehrer die Schüler daran, daß das Spiel fast genauso funktioniert wie das "Schwarzer Peter"-Spiel.
In der Gruppe werden die Karten gemischt und verteilt (10-15 Stück pro Spieler).
Der Spieler, der links vom Geber sitzt, zieht von diesem eine Karte. Zu der gezogenen Karte sucht sich der Schüler aus seinen eigenen eine heraus. Mit den beiden Karten nimmt er dann eine vom Lehrer vorgegebene Rechenoperation vor.
Beispiel: Lehrer sagt vor dem Spiel an:
"Heute nehmen wir mal."
Der Schüler zieht von dem rechten Nachbarn eine Karte mit der Ziffer 17 und sucht sich aus seinem Blatt beispielsweise die Karte mit der Ziffer 5

heraus. Er legt die beiden Karten auf den
Tisch und sagt dann: "17 mal 5 gibt 85."
Die Mitspieler kontrollieren das Ergebnis.
Ist es richtig, so darf der Schüler die beiden
Karten ablegen; ist es falsch, so muß er die
beiden auf den Tisch gelegten Karten wieder
aufnehmen. Streitfälle regelt der Lehrer. Hat
der Schüler seine Spieloperation beendet, so
zieht der linke Nachbar eine Karte von ihm.
Gewonnen hat derjenige, der als erster alle
Karten abgelegt hat. Die Ziffern der bei den
anderen Spielern verbleibenden Karten werden
als Minuspunkte aufgeschrieben. Die Schüler
tun also gut daran, mit möglichst hohen Zahlen-
werten Rechenoperationen durchzuführen, um am
Ende des Spieles Karten mit geringen Werten zu
behalten und so das Minuskonto zu entlasten.
(Starke Motivation, Schwierigkeiten nicht aus-
zuweichen!)

Variation: Variationsmöglichkeiten für dieses Spiel
sind fast unbegrenzt vorhanden. Einige davon
seien hier aufgeführt:

1. Lehrer kann Kettenaufgaben mit gemischten
    Verknüpfungsarten verlangen.
    Beispiel: Der Spieler muß von dem Nachbarn
    statt einer Karte zwei Karten ziehen, die er
    mit einer Karte aus dem eigenen Blatt durch
    eine Multiplikation und einer Subtraktion ver-
    binden muß. "20 mal 5 ist 100, weniger 7 ist
    93."

2. Um die Aufgaben schwieriger zu gestalten,
    kann der Lehrer bestimmen, daß eine oder beide

Karten, die der Schüler zu einer Rechenoperation
heranzieht, mit 10 multipliziert wird. Aus einer
15 wird eine 150, aus einer 7 entsteht eine 70.
Auf diese Art lassen sich besonders Teilungsauf-
gaben effektiver gestalten. Bei _einer_ Multiplikation mit 10 pro Kartenpaar können Aufgaben wie
90 : 5 = 18 oder 180 : 15 = 12 zustande kommen.
Bei _zwei_ Multiplikationen mit 10 pro Kartenpaar
können Aufgaben wie 160 : 80 = 2, 150 · 50 = 7500,
130 - 90 = 40 oder 120 + 170 = 290 zustande kommen.

3. Zusätzlich zu der Multiplikation einer Ziffer mit
10 kann der Lehrer bestimmen, daß eine beliebige
Ziffer addiert wird. (Unmathematisch ausgedrückt:
Es wird an eine Karte mit beispielsweise der Ziffer 5 eine 6 angehängt, so daß die Zahl 56 entsteht) Aufgaben wie 48 : 12 = 4, 205 · 10 = 2050,
197 - 17 = 180, 178 + 19 = 197 kommen zustande.
Diese Regel kann auch von dem Lehrer auf beide
Karten des Kartenpaares ausgeweitet werden. Aufgaben wie 200 : 40 = 50, 162 · 122 = 19764,
133 - 121 = 22, 191 + 175 = 366 kommen zustande.
Der Lehrer kann die zu addierende(en) Ziffer(n)
vorher bestimmen: "Es wird nach der Multiplikation
mit 10 immer eine 8 addiert".

Hinweis: Günstig aber nicht unbedingt notwendig ist es,
die Schüler bereits in der 2. oder 3. Klasse mit
dem Spiel vertraut zu machen, damit bei einem höheren Schwierigkeitsgrad die neuen Spielregeln (Variationen 1 - 3) die Schüler nicht überfordern.
Als Einstieg in das Spiel empfiehlt es sich, lediglich Karten mit den Ziffern von 1 bis 10 oder 1 bis
15 zu verwenden.

Bei sehr hohem Schwierigkeitsgrad kann dem Schüler
gestattet werden, eine kurze handschriftliche
Rechnung vorzunehmen.

Mathematik

Stichwort: ZAHLENBLOCK

Ziel: Verfestigung des Kopfrechnens

Fächer: Mathematik

Klassenstufe: Ab 2

Voraussetzung: Keine

Sozialform: Einzelarbeit in Frontalform

Zeit: 15 Minuten

Material: Zahlenblöcke aus Pappe und Papier

Vorbereitung: Schüler fertigen in der Zeichenstunde aus
starker Pappe eine Tafel im DIN-A4 Format. Dann
schneiden sie jeweils 3x10 gleichgroße Papierstreifen aus, auf die jeweils die Zahlen von 0-9 geschrieben werden (pro Blatt eine Zahl). Jetzt werden die drei Zahlenblöcke zusammengeklebt und als
Einer, Zehner und Hunderter festgelegt.

Durchführung: Lehrer stellt eine Aufgabe aus dem Bereich
der 4 Grundrechenarten. Schüler sollen die Aufgabe
im Kopf allein lösen und das Ergebnis mit Hilfe der
Zahlenblöcke anzeigen. Die Schüler sind daraufhinge-
wiesen worden, sich nicht umzudrehen, um das Ergebnis abzulesen. Dadurch hat der Lehrer optimale Kon-
trollmöglichkeit, da jeder "dran" ist.

Variation: Der erste Schüler, der das Ergebnis richtig hat,
stellt Aufgabe an die Klasse und kontrolliert wie der
Lehrer.

Stichwort: RECHEN-DOMINO

Ziel: Die Schüler sollen durch das Spiel zur Unter-
      richtswiederholung und für den neuen Unter-
      richtsstoff motiviert werden. Das Spiel bie-
      tet außerdem eine Möglichkeit, den Unterricht
      aufzulockern und trotzdem am Thema weiterzu-
      arbeiten.

Fächer: Mathematik

Klassenstufe: Ab 2

Voraussetzung: Keine

Sozialform: Gruppenarbeit, 4-5 Schüler pro Gruppe

Zeit: 10-15 Minuten

Material: Tonpapier (farbig)

Vorbereitung: Für jede Gruppe müssen 20-25 Kärtchen in
      der Größe von Dominosteinen angefertigt werden.
      Jede Rechenart erhält eine eigene Farbe (Addition
      = rot, Subtraktion = grün). Auf die Kärtchen
      werden wie folgt Aufgaben geschrieben:

Beispiel: ... | $\left(4\right) \cdot 7 =$ | $\left(28\right) - 12 =$ | $\left(16\right) : 4 =$ | ...

Die Anfangszahlen einer Domino-Aufgabe bilden das
Ergebnis einer anderen im Spiel vorhandenen Aufgabe. Es empfliehlt sich daher, die Anfangszahlen ein-
zukreisen, um diese als mögliches Ergebnis deutlich
sichtbar zu machen.

Mathematik

<u>Durchführung:</u> Jede Gruppe erhält ein Dominospiel. Die
Karten werden auf alle Schüler gleichmäßig verteilt. Nun versucht jede Gruppe die Kärtchen sinnvoll aneinanderzureihen.

Die Kontrolle über die Richtigkeit des Anlegens
erfolgt durch die Gruppe, da jeder mitrechnen
muß, um seine eigenen Karten so schnell wie möglich loszuwerden.

Stichwort: BLINDE KUH

Ziel: Kopfrechentraining

Fächer: Mathematik

Klassenstufe: Ab 2

Voraussetzung: Keine

Sozialform: Klassenverband

Zeit: Beliebig

Material: Ein Schal

Vorbereitung: Umbau des Klassenzimmers, damit eine
möglichst große Fläche entsteht.

Durchführung: Einem Schüler werden mit dem Schal
die Augen verbunden. Er versucht jetzt im
Klassenzimmer einen seiner Mitschüler zu
greifen. Ist ihm dies gelungen, stellt die
"Blinde Kuh" seinem Gefangenen eine Kopf-
rechenaufgabe. Den Schwierigkeitsgrad der
Aufgabe kann die "Blinde Kuh" selbst bestimmen. Kann der Gefangene die Aufgabe lösen, ist er wieder frei, und die "Blinde Kuh"
muß einen neuen Schüler fangen. Wer die ge-
stellte Rechenaufgabe nicht lösen kann,
spielt jetzt die "Blinde Kuh" und das Spiel
beginnt von vorne.

Variation: Es können auch zwei oder mehrere Schüler
"Blinde Kuh" sein, je nach Größe der Klasse.

Mathematik

Stichwort: LÜCKENWORT PIEP

Ziel: Erkennen des Vielfachen einer Zahl

Fächer: Mathematik

Klassenstufe: Ab 2

Voraussetzung: Keine

Sozialform: Klassenverband

Zeit: Beliebig

Material: Kein

Vorbereitung: Keine

Durchführung: Beispiel: 1 x 3

Anstatt eines Vielfachen von 3 wird "Piep"
gesagt. Die Schüler sagen nacheinander die
Zahlen von 1 - 30 (50, 60 usw.).

1. Schüler: 1
2. Schüler: 2
3. Schüler: Piep
4. Schüler: 4
5. Schüler: 5
6. Schüler: Piep
usw.

Der Schüler, der ein Vielfaches von 3 nennt,
also nicht Piep sagt, muß ein Pfand abgeben.

Variation: Die Schüler sagen nicht nur anstelle eines Vielfachen der vorher bestimmten Zahl
"Piep", sondern auch, wenn diese Zahl selbst
vorkommt.

Beispiel: 1 - 2 - Piep - 4 - 5 - Piep
- 7 - 8 - Piep - 10 - 11 -
Piep - Piep - 14 - Piep - 16
- 17 - Piep - 19 - 20 - Piep
- 22 - Piep - Piep - 25 - usw.

Am Ende des Spieles kommen alle Schüler nach vorn, die ein Pfand einlösen müssen.

Möglichkeiten zum Einlösen von Pfändern:

1. Die Schüler müssen 3 Multiplikationsaufgaben richtig lösen.

2. Diese Schüler spielen noch einmal. Jetzt bekommt jeder Schüler, der "Piep" richtig eingesetzt hat, sein Pfland zurück.

3. Die Schüler müssen Kettenaufgaben richtig lösen.

4. Die Schüler müssen das 1 x 3 (4, 5, usw.) vorwärts und rückwärts richtig aufsagen.

Das Pfändereinlösen bietet seine gute Gelegenheit, den Schulern individuelle Aufgaben zu stellen.
Somit ist ihnen eine zusätzliche Übungsmöglichkeit gegeben.

Mathematik

Stichwort: STAFETTENRECHNEN

Ziel: Sicherheit und Schnelligkeit im Kopfrechnen.

Fächer: Mathematik

Klassenstufe: Ab 1

Voraussetzung: Mindestens eine Grundrechenart

Sozialform: Klassenverband, zwei Gruppen

Zeit: Beliebig, je nach Menge und Schwierigkeitsgrad der Aufgaben 10-10 Minuten.

Material: Kein

Vorbereitung: Keine

Durchführung: Der Lehrer schreibt für jede Gruppe
soviele Aufgaben an die Tafel, wie Schüler
in der Gruppe sind. Die Gruppen müssen gleich
stark sein.
Er gibt dem ersten Schüler einer jeden Gruppe
ein Stück Kreide, dieser läuft an die Tafel,
rechnet die erste Aufgabe, läuft zurück und
gibt dem nächsten Schüler seiner Gruppe die
Kreide.
Gesiegt hat die Gruppe, die zuerst alle Aufgaben richtig gelöst hat. Für falsche Ergebnisse gibt es Punktabzug.

Anmerkung: Dieses Spiel bietet den Schülern auch Gelegenheit, sich zu bewegen. Jeder Schüler darf
an der Tafel rechnen, was einen zusätzlichen
Reiz darstellt.

Variation:

Ziel: Verben vom Präsens ins Präteritum setzen

Fächer: Deutsch

Klassenstufe: Ab 2

Sozialform: Klassenverband, zwei Gruppen

Zeit: Beliebig

Durchführung: Der Lehrer schreibt Verben im
Präsens (oder Infinitiv) an die Tafel.
Die Schüler schreiben in oben beschrie-
bener Weise die entsprechende Präteri-
tumform gut lesbar hinter das Verb.
Auf diese Weise können die Schüler den
Plural bilden, Vokabeln können getestet
werden usw.

Mathematik

Stichwort: BALLRECHNEN

Ziel: Vertiefung der Addition im Zahlenraum
1-100

Fächer: Mathematik

Klassenstufe: Ab 2

Voraussetzung: Keine

Sozialform: Zwei Gruppen

Zeit: Beliebig

Material: Ein Ball, eine Stoppuhr, für jeden
Schüler fünf Plättchen o.ä.

Vorbereitung: Keine

Durchführung: Ein Schüler wirft einem anderen Schüler
aus der gegnerischen Partei einen Ball zu und
nennt dabei zwei Zahlen, wobei die erste eine
zweistellige, die zweite eine einstellige Zahl
sein soll (z.B. 59, 8). Der betroffene Schüler
muß den Ball fangen und die Summe der beiden
Zahlen nennen. Ihm steht dafür eine vorher ver-
einbarte Zeitspanne zur Verfügung. Gelingt es
dem Schüler, das richtige Ergebnis zu nennen,
erhält er vom Werfer ein Plättchen; gelingt es
ihm nicht, muß er dem Werfer eines seiner Plättchen abgeben. Die Gruppe, die am Ende die meisten
Plättchen hat, ist Sieger.

Variation:
1. Schwieriger wird es, wenn zwei zweistellige
Zahlen genannt werden dürfen (z.B. 15, 49).
Hierbei dürfen die beiden Zahlen allerdings
nicht größer als 50 sein, da ansonsten der
Zahlenraum vergrößert werden müßte.

2. Dasselbe Spiel kann mit der Subtraktion
im Zahlenraum 1-100 durchgeführt werden.
In diesem Falle muß die erste Zahl allerdings größer als die zweite sein (z.B. 78,
45). Auch das Einüben des Einmaleins läßt
sich auf diese Weise durchführen: Die Schüler nennen ihrem Partner Aufgaben.
Beispiel: 3x9, 5x7, usw.

Stichwort: WÜRFELWETTKAMPF

Ziel: Übung und Vertiefung der Grundrechenart:
Addition, Subtraktion. Die Übung dient
der Auflockerung der Stunde.

Fächer: Mathematik

Klassenstufe: Ab 2

Voraussetzung: Keine

Sozialform: Gruppenarbeit

Zeit: Beliebig

Material: 1–2 Würfel pro Gruppe

Vorbereitung: Keine

Durchführung: Jede Gruppe erhält einen Würfel. Es
wird abwechselnd gewürfelt. Die Partei, die
zuerst 20 (bzw. 50, 100) erreicht hat, hat
gewonnen.

Variation:

1. Die Kinder beginnen mit 20 (bzw. 50, 100)
   und ziehen die gewürfelten Augen ab. Gewinner ist die Gruppe, die zuerst bei 0
   angelangt ist.

2. In jeder Gruppe sind 2 Würfel. Die Kinder
   würfeln mit 2 Würfeln. Sie geben die Differenz zwischen den gewürfelten Augen an.

3. In jeder Gruppe sind 2 Würfel. Die Kinder
   zählen die Augen beider Würfel zusammen.

Stichwort: KOPF GEGEN MASCHINE

Ziel: Schulung der Kopfrechenfähigkeit,
       Umgang mit dem Rechner soll geübt werden.

Fächer: Mathematik

Klassenstufe: Ab 4

Voraussetzung: Bedienung von Taschenrechnern

Sozialform: Gruppenarbeit (Gruppen von 5 Schülern)

Zeit: Beliebig

Material: Taschenrechner und 20 Karteikarten
           (numeriert von 1-20)

Vorbereitung: Karteikarten numerieren

Durchführung: Die Gruppe wird wie folgt aufgeteilt:
               Ein Schüler stellt die Aufgaben und führt das
               Punktekonto. Zwei Schüler rechnen im Kopf und
               zwei andere mit dem Rechner.
               Der Spielführer deckt die oberste der gemisch-
               ten Karteikarten auf und verknüpft sie mathe-
               matisch mit der nächsten Karte. Dies wieder-
               holt sich fortlaufend.
               Beim Stellen der Aufgaben schreibt sich der
               Spielführer die Rechenoperationen auf.
               Bei Beendigung eines Spielabschnittes werden
               für jedes richtige Ergebnis Punkte verteilt.

Variation: Die Anzahl der Karteikarten kann geändert
            werden. Klammerrechnungen können eingeführt
            werden.

Mathematik

Stichwort: RECHENOPERATOREN HERAUSFINDEN

Ziel: Förderung der Denkfähigkeit,
Festigung der Grundrechenarten.

Fächer: Mathematik

Klassenstufe: Ab 3

Voraussetzung: Keine

Sozialform: Gruppenarbeit (Gruppen von 4 Schülern)

Zeit: Mindestens 10 Minuten

Material: Kein

Vorbereitung: Keine

Durchführung: Drei Schüler stehen vor der Tafel und
bilden die Operatoren, die vorher vom Lehrer
bestimmt worden sind (z.B. x2; +5;+3). Die
Klasse nennt eine Zahl, mit der die Rechenoperationen durchgeführt werden sollen. Der erste
Schüler flüstert sein Ergebnis dem zweiten Schüler zu, der wiederum seine errechnete Zahl dem
dritten. Dieser sagt das Ergebnis laut einem
Schüler, der es an die Tafel schreibt. Die Gruppen müssen die Rechenoperatoren erraten.

Beispiel:

	1. Schüler	2. Schüler	3. Schüler	
Eingabe	Operator: x2	Operator: +5	Operator: +3	Ergebnis
2	?	?	?	3
5	?	?	?	5
8	?	?	?	7

Variation: Je nach Klassenstufe lassen sich die
"Operatoren" auf 2 oder gar auf 1 Schüler
beschränken.

Stichwort: ABLEGEN

Ziel: Übung und Vertiefung der Grundrechenarten
(Kopfrechnen)

Fächer: Mathematik

Klassenstufe: Ab 2

Voraussetzung: Keine

Sozialform: Gruppenarbeit

Material: Je Gruppentisch 30 Karten.
Auf 15 Karten stehen Aufgaben, die restlichen 15 Karten sind Ergebniskarten.

Vorbereitung: Karten herstellen

Durchführung: Die Karten werden gemischt und gleichmäßig unter die Schüler verteilt. Jeder Schüler kann aus seinen Karten - wenn möglich -
Paare bilden und ablegen. Ein Paar besteht aus
einer Aufgabe und dem entsprechenden Ergebnis.
Abgelegt wird nacheinander, damit die Gruppe
jedes Paar kontrollieren kann.
Nach dem Ablegen wird im Reihumverfahren vom
jeweiligen Nachbarn eine Karte gezogen. Dabei
wird jedesmal geprüft, ob die gezogene Karte
mit einer in der Hand des ziehenden Schülers
befindlichen Karte ein Paar bildet. Das Paar wird
dann wieder abgelegt.
Wer als erster keine Karte mehr in der Hand hat,
ist Sieger.

Variation: Schwarzer Peter
Vor dem Austeilen der Karten wird eine
Karte aus dem Spiel genommen und verdeckt auf den Tisch gelegt. Wer die
letzte Karte, die mit der verdeckten
Karte auf dem Tisch ein Paar bildet, in
der Hand hält, ist der "Schwarze Peter".

Mathematik

Stichwort: VIERMAL RECHNEN

Ziel: Vertiefung der Grundrechenarten durch
sinnvolle Kombinationen.

Fächer: Mathematik

Klassenstufe: Ab 3

Voraussetzung: Keine

Sozialform: Klassenverband, Gruppenarbeit

Zeit: Beliebig

Material: Je Gruppe 5 Würfel, Würfelbecher

Vorbereitung: Keine

Durchführung: Jeder Spieler darf fünfmal würfeln.
Zuerst mit einem Würfel, der liegenbleibt.
Dann wird der zweite Würfel geworfen. Nun
hat der Spieler noch drei Würfel frei. Bevor er jetzt weiterwürfelt, muß er gut überlegen. Die Spielregel besagt nämlich, daß
man in beliebiger Reihenfolge einmal malnehmen, einmal zusammenzählen, einmal abziehen
und zweimal teilen muß. Man muß dabei versuchen, eine möglichst hohe Endsumme zu erreichen.
Beispiel:
Der erste Wurf ist eine 5, dann eine 3. Man
überlegt: 3+5=8, 3·5=15, 5-3=2, 5:3 geht nicht.
Am günstigsten erscheint auf den ersten Blick
3·5=15. Dennoch sieht der Spieler vielleicht
ab vom Multiplizieren, denn er sagt sich, besser erst addieren, und malnehmen, wenn das Ergebnis höher ist. Er notiert also 8 (3+5). Der
dritte Wurf ist eine 1.

Dividiert: 8:1=8. Der vierte Wurf ist eine 6, 8·6=48. Der fünfte Wurf kann nur noch abgezogen werden, er würfelt eine 3, 48-3=45.

Muß man am Ende dividieren, und es ergeben sich unteilbare Werte, so kann man dafür die nächst- niedrige Zahl nehmen.

Lit.-Hinweis: Zorn (1978)

Stichwort: ZAUBERKREIS

Ziel: Übung und Vertiefung der Grundrechenarten,
insbesondere Kettenrechnen.

Fächer: Mathematik

Klassenstufe: Ab 2

Voraussetzung: Grundrechenarten

Sozialform: Einzelarbeit, Partnerarbeit

Zeit: Beliebig

Material: Zauberkreis

Vorbereitung: Es wird ein Kreis hergestellt; gut eignet
sich dafür stärkeres Papier. Der Kreis wird in
acht gleiche Teile unterteilt. In die Mitte des
Kreises wird eine Aufgabe geschrieben.
Nun wird ein großer Ring hergestellt, der um den
Kreis paßt. Dieser Ring wird in acht Teile zerschnitten, und auf jedes Kärtchen wird eine Aufgabe geschrieben.

Die Anfertigung dieses Lehrspiels ist relativ
einfach, da man eine beliebige Zahl lediglich
in vier verschiedene Kettenrechnungen mit drei
Gliedern aufzuteilen braucht; daher ist der Zeitaufwand nicht sehr erheblich, jedoch abhängig von
Anzahl der herzustellenden Zauberkreise.

<u>Durchführung:</u> Jeder Schüler, bzw. jede Gruppe erhält
einen Zauberkreis und die dazugehörigen Aufgabenkärtchen.
Nun müssen die Kärtchen des Außenringes so gelegt werden, daß jeweils drei Aufgaben, in einer
Linie liegend (die festgesetzte Mitte also ein-
gerechnet), die gleiche Ergebnissumme aufweisen.
(Im Beispiel heißt sie 21)

<u>Variation:</u>

1. Man kann den Zauberkreis schwerer gestalten,
   indem man verschiedene Aufgabentypen verwendet (Addition, Subtraktion, Multiplikation, Division).

2. Durch eine Erweiterung lassen sich auch vier
   Kettenrechnungen mit vier Gliedern unter-
   bringen. Dabei muß wiederum der Außenring
   (bzw. die Aufgabenkärtchen des Außenringes)
   frei gruppiert werden.

3. Durch Hinzufügen einer festgesetzten Mittel-
   aufgabe erreicht man Kettenrechnungen mit
   fünf Gliedern, ein weiterer Schwierigkeitsgrad des Zauberkreises.

Stichwort: RICHTZAHLWÜRFELN

Ziel: Geschicktes Anwenden der Grundrechenarten,
Kombinationsgabe wird gefördert.

Fächer: Mathematik

Klassenstufe: Ab 2

Voraussetzung: Keine

Sozialform: Gruppenarbeit (ca. 4 Schüler)

Zeit: Beliebig

Material: 6 Würfel

Vorbereitung: Keine

Durchführung: Der Lehrer gibt den Gruppen eine
gemeinsame Richtzahl vor (z.B. 65). Ein
Mitglied würfelt mit sämtlichen 6 Würfeln.
Die übrigen Mitspieler müssen versuchen,
mit Hilfe der gewürfelten Augenzahl anhand
der 4 Grundrechenarten der Richtzahl möglichst nahe zu kommen oder sie zu erreichen.
Jeder Mitspieler hat einen Versuch. Derjenige, der der Richtzahl am nächsten kommt,
würfelt erneut.

Variation:

1. Die zulässigen Rechenarten werden dem
Wissensstand angeglichen (in den unteren
Klassen sind z.B. nur Addition und Sub-
traktion zulässig).

2. Die Richtzahl wird von der Gruppe selbst
festgesetzt. Der Sieger nennt die neue
Richtzahl.

3. Die Erweiterung der auf dem Würfel vorhandenen Augen (1-6) wird erreicht durch

a) 1 = 7; 2 = 8; 3 = 9 usw.

b) 1 und 3 = 13 oder 31

Stichwort: LINIENRECHNEN

Ziel: Die Schüler sollen lernen, daß man durch
       unterschiedliche Kombination der Zahlen
       zum gleichen Ergebnis kommt.

Fächer: Mathematik

Klassenstufe: Ab 1

Voraussetzung: Die Schüler müssen mindestens eine
       der vier Grundrechenarten erlernt haben.

Sozialform: Beliebig

Zeit: Beliebig

Material: Tafel und bunte Kreide

Vorbereitung: Keine

Durchführung: Der Lehrer schreibt Aufgaben und
       Ergebnisse getrennt voneinander in belie-
       biger Anordnung an die Tafel. Um jede Auf-
       gabe und um jedes Ergebnis wird ein Kreis
       gezeichnet. Die Schüler sollen nun die Ver-
       bindungslinien von den einzelnen Aufgaben
       zu den dazugehörigen Ergebnissen ziehen.
       Führen mehrere, aber verschiedene Aufga-
       ben zu dem gleichen Ergebnis, so sollen
       die Schüler dieses durch die Benutzung der
       gleichen Kreidefarben kenntlich machen.

Variation:

       1. Man läßt alle vier Grundrechenarten zu.
          Jeder Rechenart wird eine Kreidefarbe zu-
          geteilt. Die Schüler müssen dann wie oben
          geschildert, Aufgabe und Ergebnis mit-
          einander verbinden.

Mathematik

2. Es werden keine Aufgaben, sondern nur
   einzelne Zahlen an die Tafel geschrieben. Jede Zahl darf mehrmals auftreten.
   Wieder wird jeder Rechenart eine Kreidefarbe zugeteilt. Jeder Schüler soll sich
   eine Aufgabe überlegen. Dann sollen die
   Schüler nacheinander die Zahlen, die in
   ihrer Aufgabe und Ergebnis enthalten
   sind, an der Tafel farbig umkreisen. Die
   Farbe der Kreide gibt den gewählten Rechen-
   gang an. Die Kinder, die nicht an der Tafel sind, sollen die Zahlen mit den mathe-
   matischen Verknüpfungszeichen in die
   richtige Reihenfolge bringen.

3. Wie Variation 1. Allerdings wird eine neutrale Kreidefarbe verwendet, so daß die
   gewählte Rechenart nicht deutlich wird.
   Die Schüler sollen die gewählte Rechenart
   herausfinden und die Zahlen mit den mathe-
   matischen Verknüpfungszeichen in die richtige Reihenfolge bringen. Dabei ist es möglich, daß mehrere Rechenarten angewendet
   werden können.

Stichwort: KÖRPER-DENKEN

Ziel: Die Schüler sollen lernen, sich Körper
räumlich vorzustellen und einen Körper
aus seinen geometrischen Bestandteilen
zusammenzusetzen.

Fächer: Mathematik

Klassenstufe: Ab 6

Voraussetzung: Die Schüler müssen die charakte-
ristischen Merkmale der Körper kennen.
Sie müssen wissen, daß die Perspektive
die Längenverhältnisse verzerrt.

Sozialform: Einzel- oder Gruppenarbeit

Zeit: Beliebig

Material: (Folien-)Kärtchen mit perspektivisch
gezeichneten Bestandteilen von Körpern.

Vorbereitung: Kärtchen anfertigen

Durchführung: Die Kinder sollen die Kärtchen heraussuchen, die zusammen einen genannten Körper ergeben. (Bestehen die Kärtchen aus Folie, so
kann man, wenn die Einzelteile entsprechend gezeichnet sind, bei Aufeinanderlegen der Kärtchen das Gesamtbild des Körpers erhalten.)

Variation: Die Kinder können versuchen, aus den gegebenen Kärtchen selbst Körper zusammenzustellen.

Hinweis: Man kann diese Kärtchen bis in die
Oberstufe benutzen, wenn man den Schwierigkeitsgrad erhöht (z.B. Kärtchen für
einen Oktaeder).

Mathematik

BEISPIELE:

Ergebnis:

Ergebnis:

Stichwort: KETTENWÜRFEL

Ziel: Lösen von Kettenaufgaben.

Fächer: Mathematik

Klassenstufe: Ab 1

Voraussetzung: Grundrechenarten;
        Addition, Subtraktion

Sozialform: Einzel- oder Gruppenarbeit

Zeit: Mindestens 15 Minuten

Material: Je Kind: Ein Würfelbecher, 5 weiße und
        5 schwarze Würfel.
        (Die Kinder müssen die Materialien selbst
        mitbringen. Dies muß in der vorhergehenden
        Stunde angesagt werden.)

Vorbereitung: Keine

Durchführung: Jedes Kind nimmt zunächst nur den
        Würfelbecher und die weißen Würfel.
        Diese haben die Bedeutung Addition.
        Nachdem das Kind gewürfelt hat, soll es aus
        den Zahlen eine Aufgabe bilden. Die gewürfelten
        Augen addieren z.B.: Es wurde gewürfelt:
        3, 2, 6, 5, 1, dann lautet die Aufgabe:
        $3 + 2 + 6 + 5 + 1 = ?$
        Die Aufgabe soll aufgeschrieben und gerechnet
        werden. Die Übung wird mehrere Male wiederholt.
        Nach einiger Zeit wird ein schwarzer Würfel hin-
        zugenommen. Schwarz soll für Subtraktion stehen.
        Gewürfelt wurde z.B.:
        4, 1, 5, 3, 3, (4)
        Die Aufgabe lautet also:
        $4 + 1 + 5 + 3 + 3 - (4) = ?$
        Im Laufe der Zeit werden alle schwarzen
        Würfel in das Würfelspiel mit eingebaut.

Mathematik

Stichwort: LÖSUNG GESUCHT

Ziel: Wiederholung der Grundrechenarten

Fächer: Mathematik

Klassenstufe: Ab 2

Voraussetzung: Keine

Sozialform: Gruppen, gesamter Klassenverband

Zeit: Beliebig

Material: Eine Karteikarte pro Schüler

Vorbereitung: Der Lehrer schreibt pro Karte eine Aufgabe und eine Lösung auf, die jedoch nicht zusammengehören. Die Lösung paßt zu einer Aufgabe auf einer anderen Karteikarte.

Durchführung: Die Karteikarten werden in der Klasse verteilt, so daß jeder Schüler seine erhält. Zunächst rechnen alle die Aufgaben aus. Wenn alle fertig sind, beginnt einer seine Aufgabe vorzulesen. Derjenige Schüler, der glaubt, daß die Lösung auf seiner Karte die richtige sei, steht auf und nennt sie. Hat er nun die richtige Lösung, darf er jetzt seine Aufgabe vorlesen usw.
Die Übung ist beendet, wenn alle Schüler ihre Aufgabe gestellt haben.

Variation: Die Übung kann auch auf Fremdsprachen übertragen werden. Ziel wäre dort das Lernen von Vokabeln. Pro Karte stehen eine Vokabel und eine Übersetzung, die sich jedoch nicht entsprechen

Stichwort: TIERE AUS ZAHLEN

Ziel: Zahlen sollen der Größe nach geordnet
werden.

Fächer: Mathematik

Klassenstufe: Ab 1

Voraussetzung: Keine

Sozialform: Einzelarbeit

Zeit: 5 - 10 Minuten

Material: Kein

Vorbereitung: Der Lehrer muß sich ein Tier ausdenken, das aus mehreren geraden Linien
darzustellen ist. Vor der Stunde muß er die
Eckpunkte dieses Tieres an die Tafel zeichnen und mit Zahlen versehen.

Durchführung: Die Schüler verbinden die Eckpunkte
des Tieres der Reihenfolge nach von der
größten zur kleinsten Zahl oder umgekehrt.
Das Tier entsteht.

Beispiel:

Stichwort: ZAHLENFUßBALL

Ziel: Wiederholung und Übung

Fächer: Mathematik

Klassenstufe: Ab 2

Voraussetzung: Keine

Sozialform: Zwei Gruppen

Zeit: 15 Minuten

Material: Evtl. Folie für Overheadprojektor

Vorbereitung: Der Lehrer zeichnet ein Fußball-
       feld auf die Tafel oder auf eine Folie
       mit je einer größeren Zahl im Tor und
       etwa 5 Ziffern im Feld.

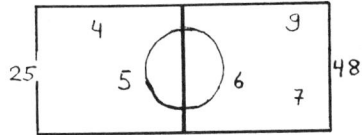

Durchführung: Die beiden Schülergruppen sind
       Fußballmannschaften, die jeweils ver-
       suchen müssen, die Zahl des gegnerischen
       Tores zu treffen; als Bälle stehen ihnen
       die Zahlen im Feld zur Verfügung, von denen
       sie je zwei durch eine Grundrechenart ver-
       binden müssen, z.B. Mannschaft A rechnet
       5 x 6 = 30.
       Dann ist Mannschaft B an der Reihe, nimmt
       die 30 und verknüpft sie mit einer Zahl aus
       dem Spielfeld, z.B. 30 - 5 = 25.
       Damit hat Mannschaft B die 25 im Tor von A
       getroffen, und es steht 1 : 0.

Variation:

1. Das Spiel kann auch als Partnerspiel
   gespielt werden.
2. Es wird dadurch erschwert, daß nur
   Addition und Subtraktion zugelassen
   sind.

Lit.-Hinweis: Heinemann (1976)

Stichwort: ZAHLENSCRABBLE

Ziel: Übung der Zerlegung in Primfaktoren

Fächer: Mathematik

Klassenstufe: Ab 5

Voraussetzung: Schüler müssen wissen, was
Primfaktoren sind.

Sozialform: Gruppen zu 4 - 5 Schülern

Zeit: 30 Minuten

Material: Pro Gruppe:
1. 1 Spielplan wie beim Scrabble
   (mit Quadraten).
2. Ca. 60 Karten mit Primzahlen $<$ 10
   in der Größe der Quadrate des Spielplans, möglichst große, bunte Zahlen.
3. Ca. 30 Karten mit Ergebnissen, die
   sich aus der Multiplikation mit den
   Primfaktoren ergeben in der Größe
   der Quadrate des Spielplans (kleinere,
   schwarze Zahlen).

Vorbereitung: Herstellen des Materials

Durchführung: Jeder Spieler erhält 8 Primzahl-
karten und drei Ergebniskarten, die er
offen hinlegt. Dann werden alle übrigen
Karten zusammengemischt und verdeckt auf
den Tisch gelegt. Der erste Schüler beginnt, aus zwei seiner Primzahlen und einem Ergebnis eine Aufgabe zu bilden und
legt die Kärtchen auf die Spielplanqua-
drate nebeneinander oder untereinander.
Für jede abgelegte Karte

3
7
21

nimmt er sich eine neue vom Stapel.
Der nächste Spieler darf ebenso eine
Aufgabe auf den Spielplan legen. Er
hat aber auch die Möglichkeit, an die
Karten, die schon daliegen, andere an-
zulegen, so daß eine Aufgabe entsteht,
z.B.:

3
7
21

oder

3	5	15
7		
21		

3 7

oder

3		
7	2	14
21		

usw.

Wer mit keiner seiner Karten eine Aufgabe legen kann, darf zwei seiner Karten in den Stapel mischen und zwei neue
ziehen. Dann ist der nächste Spieler an
der Reihe. Sieger ist, wer zuerst alle
Ergebniskarten abgelegt hat.

Variation:

1. Es dürfen auch Aufgaben mit drei
   Faktoren gelegt werden (dann müssen auch entsprechende Ergebniskarten vorbereitet werden).

2. Für jede abgelegte Karte erhält man
   einen Punkt. Wer am meisten Punkte
   hat (nach einer festgesetzten Zeit),
   ist Sieger.

Stichwort: ZAHLENSTECKBRIEFE

Ziel: Einüben der Begriffe Primteiler, Quersumme, Teilermenge und Vielfaches.

Fächer: Mathematik

Klassenstufe: Ab 5

Voraussetzung: Die Begriffe, die auf den Karten auftauchen, müssen erklärt worden sein.

Sozialform: Gruppen zu 3 Schülern

Zeit: 15 Minuten

Material: Pro Gruppe:

1. 1 Spielplan mit drei verschiedenfarbigen Kreisen, etwa DIN A4.

2. 15 Zahlensteckbrief- karten mit verschie- denen Aufschriften: z.B. E teilt Z (Einer teilt Zehner) E gerade; Z ungerade hat höchstens 3 Primteiler; $\doteq T_{85}$ (ist Element der Teilermange von 85).

3. 1 Tabelle, auf der alle 15 Karten noch ein- mal aufgeschrieben sind.

Vorbereitung: Herstellen des Materials

Durchführung: Jedem Spieler gehört ein Kreis des Spielplanes, und jeder Spieler zieht ver- deckt eine der 15 Karten, die er den anderen nicht zeigt. Der erste Spieler nennt eine Zahl zwischen 1 und 1000. Jeder Spieler über- prüft, ob seine Steckbriefkarte zu dieser Zahl

paßt (die Steckbriefkarte mit "E teilt Z"
paßt z.B. auf 93, nicht aber auf 92).
Wenn die Zahl zu der Steckbriefkarte eines Spielers paßt, wird die Zahl in seinen Kreis geschrieben. Paßt die Zahl zu
den Karten von 2 Spielern, so wird sie in
den Durchschnitt der beiden Kreise geschrieben. Falls sie zu allen drei Spielern
paßt, kommt sie in den Durchschnitt aller
drei Kreise. Dann sagt der nächste Spieler
eine Zahl, wieder wird überprüft. Ziel ist
es, die Karten der Mitspieler zu erraten.
Jeder darf dreimal raten. Rät er beim dritten Mal falsch, hat er verloren.

Stichwort: RECHENWURM

Ziel: Rechenübung

Fächer: Mathematik

Klassenstufe: Ab 1; je nach Aufgaben auf dem
　　　　　　Spielplan.

Voraussetzung: Keine

Sozialform: Gruppen zu 4 - 5 Schülern

Zeit: 15 Minuten

Material: Pro Gruppe:
　　　　1. 1 Spielplan mit normalen Feldern,
　　　　　　Aufgabenfeldern und einem Ziel.

START	1	2×4	3	3+2	4	5	6
							7×3
							8
USW.	15	14-8	13	12:4	11	10	9:3

　　　　2. 1 Würfel.
　　　　3. Pro Spieler eine Spielfigur.

Vorbereitung: Herstellen des Spielplanes

Durchführung: Wie bei einem normalen Würfelspiel
　　　　　würfeln die Spieler reihum und rücken anhand
　　　　　der gewürfelten Augenzahl weiter. Kommen sie
　　　　　auf ein Feld, auf dem eine Aufgabe steht, so
　　　　　muß diese gelöst und entsprechend viele Fel-
　　　　　der weitergerückt werden. Sieger ist, wer zu-
　　　　　erst im Ziel ist.

Variation: Für Schüler, die bereits negative
Zahlen kennen, können auf den Aufgabenfeldern negative Ergebnisse vorkommen.
Entsprechend muß dann rückwärts gesetzt
werden.

Lit.-Hinweis: Heinemann (1976)

Stichwort: MENGENZUORDNUNG

Ziel: Die Schüler sollen sich mit den Mengenbegriffen an einem konkreten Beispiel
vertraut machen.

Fächer: Mathematik

Klassenstufe: Ab 1

Voraussetzung: Keine

Sozialform: Gruppe

Zeit: 10 Minuten

Material: Jeder Schüler soll einen kleinen Gegenstand mitbringen.

Vorbereitung: Keine

Durchführung: Die Gegenstände aller Schüler werden zusammen auf dem Tisch ausgebreitet.
Die Schüler sollen sich überlegen, unter
welchen Mengenbegriffen man mehrere Gegenstände zusammenfassen kann. Diese Oberbegriffe sollen notiert werden, und die Schüler versuchen wieder neue Mengeneinteilun-
gen vorzunehmen. Ist die vorgegebene Zeit
abgelaufen, so wird das Spiel beendet.

Variation:

1. Der Lehrer gibt genaue Anzahl von Teil-
mengen vor.

2. Der Lehrer gibt vor, daß mindestens ein
Gegenstand in der Schnittmenge sein soll.
Es soll also ein Gegenstand vorhanden
sein, der beiden Mengen zuzuordnen ist.

3. Der Lehrer gibt ein Schaubild vor, in
   das die Schüler die Gegenstände einord-
   nen sollen.

Stichwort: MENGEN BILDEN

Ziel: Logisches Zuordnen

Fächer: Mathematik

Klassenstufe: Ab 3

Voraussetzung: Keine

Sozialform: Gruppen

Zeit: 15 Minuten

Material: Gegenstände aus der Schultasche,
Klassenraum.

Vorbereitung: Keine

Durchführung: Die Gegenstände werden in die Mitte
des Tisches gelegt. Die Schüler bekommen die
Aufgabe, nacheinander alle Sachen nach einer
Zuordnungsvorschrift, die sich der Schüler
selbst ausdenkt, zu ordnen. Die übrigen Schüler sollen diese Zuordnungsvorschrift erraten.

Z.B. Ute sortiert: Schreibstifte -
Nichtschreibstifte
Bernd sortiert: Nach Farben ...

Stichwort: MÜNZENRATEN

Ziel: Münzen erkennen und die Summe ermitteln

Fächer: Mathematik

Klassenstufe: Ab 3

Voraussetzung: Keine

Sozialform: Gruppen zu fünft oder sechst

Zeit: 15 - 20 Minuten

Material: Verschiedene Münzen

Vorbereitung: Keine

Durchführung: Jede Gruppe bildet einen kleinen
Kreis. Alle halten ihre Hände auf dem
Rücken. Der Lehrer gibt einem Kind in je-
der Gruppe ein Geldstück in die Hand. Das
Kind versucht zu erfühlen, was es ist und
gibt es an seinen rechten Nachbarn weiter.
Das erste Kind bekommt darauf das nächste
Geldstück usw.

Mathematik

Alle Gruppen bekommen die gleiche Summe.
Jedes Kind versucht, die Summe der um den
Kreis gegangenen Geldstücke zu ermitteln.
Wenn alle Kinder ihre Geldstücke gefühlt
haben und die Summe errechnet haben, soll
sich die Gruppe auf eine Summe einigen, die
als Ergebnis für die Gruppe genannt wird.
Wer kommt der richtigen Summe am nächsten?

Stichwort: WÜRFELSPIEL

Ziel: Kopfrechnen üben

Fächer: Mathematik

Klassenstufe: Ab 3

Zeit: 10 - 20 Minuten

Voraussetzung: Keine

Sozialform: Gruppenarbeit

Material: Je Gruppe drei Würfel und ein
Würfelbecher.

Vorbereitung: Keine

Durchführung: Würfelt ein Schüler, so muß er
die gewürfelten Zahlen gleich im Kopf
addieren. Die gewürfelte Punktzahl wird
dem Schüler angerechnet. Der Schüler
darf so lange würfeln bis er einen "Pasch"
würfelt (drei Zweien, drei Fünfen usw.!).
Jetzt ist sein Nachbar dran. Schüler, die
gerade nicht würfeln, müssen kontrollieren.
Gewonnen hat, wer nach Ablauf einer bestimmten Zeit die größte Summe erreicht hat.

<u>Variation:</u> Multiplikation, größter gemeinsamer
Teiler, Quersummen, Primzahlenfaktoren,
kleinstes gemeinsames Vielfaches, Division
durch eine gegebene Zahl.

Stichwort: REIHENBILDUNG

Ziel: Übung der Addition und der Subtraktion

Fächer: Mathematik

Klassenstufe: Ab 3

Voraussetzung: Keine

Sozialform: Zwei Gruppen

Zeit: Beliebig

Material: Kein

Vorbereitung: Keine

Durchführung: Eine mathematische Reihe, wie z.B.
7, 11, 15 wird vorgegeben. Die Schüler sollen mitrechnen. Wer als erster das Prinzip
dieser Reihe (+4) erkannt hat und die Reihe
um 3 oder 4 Glieder ergänzen konnte, darf
nun eine neue Reihe bilden. Seiner Gruppe
wird ein Punkt gutgeschrieben.

Variation: Das gleiche kann auch in einer 7. oder
8. Klasse durchgeführt werden, wenn man mit
Zahlen im negativen Bereich rechnet oder
wenn man Brüche zur Bildung von Reihen wählt.

Mathematik

Stichwort: RECHENBALL

Ziel: Kopfrechnen üben

Fächer: Mathematik

Klassenstufe: Ab 2

Voraussetzung: Keine

Sozialform: Klassenverband

Zeit: 10 - 20 Minuten

Material: Tennisball

Vorbereitung: Keine

Durchführung: Der Lehrer stellt eine Rechenaufgabe
und wirft einem Schüler den Ball zu. Der
Schüler sagt seine Lösung. Ist die Antwort
richtig, darf der Schüler den Ball mit einer neuen Aufgabe einem anderen Schüler zu-
werfen. Ist die Aufgabe falsch, muß er dem
Lehrer den Ball zurückwerfen.

Stichwort: ERRATEN EINES ZAHLENSYSTEMS

Ziel: Schulung des Kopfrechnens

Fächer: Mathematik

Klassenstufe: Ab 2

Voraussetzung: Additions-, Subtraktions-, Multipli-
kations- und Divisionsverfahren müssen bekannt
sein.

Sozialform: Gruppen von 6 - 8 Schülern

Zeit: Beliebig

Material: Kein

Vorbereitung: Keine

Durchführung: Ein Schüler denkt sich eine Zahl.
Die anderen sollen diese erraten. Ein Schüler darf so lange fragen wie mit ja geantwortet wird. Wird seine Frage mit nein beantwortet, so ist sein Nachbar an der Reihe.
Folgende Fragen könnten gestellt werden:
"Ist die Zahl größer als 100? Ist sie durch
2 teilbar? Wenn man sie mit 5 multipliziert,
ist sie dann größer als 100?"

Variation: Schüler denkt sich ein Zahlensystem aus,
z.B. alle durch 7 teilbaren Zahlen.

Mathematik

Stichwort: WÜRFELN

Ziel: Gruppenaktivität

Üben von Addition und Multiplikation

Fächer: Mathematik

Klassenstufe: Ab 1

Voraussetzung: Keine

Sozialform: Gruppen

Zeit: Beliebig

Material: Pro Gruppe mindestens 1 Würfel

Vorbereitung: Keine

Durchführung: Ein Gruppenmitglied würfelt einmal.
Die Augenzahl wird von allen im Kopf behalten. Dann würfelt das nächste Gruppenmitglied.
Diese Augenzahl wird zu der ersten addiert
(multipliziert), usf. Die Gruppe mit der höchsten Gesamtaugenzahl ist Sieger.

Variation: Es wird mit zwei oder mehr Würfeln gewürfelt bzw. jedes Gruppenmitglied würfelt
mehrmals hintereinander. Die Rechnung zu den
Multiplikationsaufgaben kann ggf. schriftlich
erfolgen.

Stichwort: LOTTOSCHEIN

Ziel: Übung und Festigung von verschiedenen
Rechenarten

Fächer: Mathematik

Klassenstufe: Ab 1

Voraussetzung: Keine

Sozialform: Einzelarbeit

Zeit: Je nach Schwierigkeitsgrad der Aufgaben
etwa 5 - 10 Minuten

Material: Pro Schüler mindestens 1 Lottoschein

Vorbereitung: Keine

Durchführung: Der Lehrer formuliert Aufgaben so,
daß Ergebnisse herauskommen, die auf dem
Lottoschein angestrichen werden können
(sechs Aufgaben und eine Zusatzaufgabe).
Dies kann über mehrere Tage hinweg geschehen.
Am Ende wird aus dem Stapel der richtigen
Lösungen der "Gewinner der Woche" gezogen.

Lit.-Hinweis: Heinemann (1976)

Mathematik

Stichwort: ZETTELRECHNEN

Ziel: Wiederholung und Übung

Fächer: Mathematik

Klassenstufe: Ab 1

Voraussetzung: Keine

Sozialform: Gruppenarbeit (dabei sollte der Lehrer
darauf achten, daß möglichst gleich gute
Rechner in einer Gruppe sind).

Zeit: 10 Minuten

Material: Pro Gruppe einige Zettel mit Aufgaben,
die Ergebnisse stehen auf der Rückseite.

Vorbereitung: Herstellen des Materials

Durchführung: Ein Schüler in jeder Gruppe ist
Spielleiter und besitzt die Zettel. Er
stellt die Aufgaben und gibt dem schnellsten Rechner den Zettel. Wer am Ende die
meisten Zettel hat, ist Sieger.
Danach sollte der Spielleiter gewechselt
und noch einmal gespielt werden.

Variation: Es steht kein Ergebnis auf der Rückseite.

Lit.-Hinweis: Heinemann (1976)

Stichwort: ERGEBNISTRÄGER

Ziel: Wiederholung und Übung

Fächer: Mathematik

Klassenstufe: Ab 1

Voraussetzung: Keine

Sozialform: Beliebig

Zeit: 5 Minuten

Material: Kein

Vorbereitung: Jeder Schüler ist Träger einer
Zahl. Der Lehrer muß sich Aufgaben überlegen, die diese Zahlen zum Ergebnis
haben.

Durchführung: Der Lehrer nennt eine Aufgabe,
deren Ergebnis die Zahl eines Schülers
ist. Dieser sagt das Ergebnis laut.

Variation: Nicht der Lehrer, sondern ein Schüler
nennt eine Aufgabe.

Lit.-Hinweis: Heinemann (1976)

Stichwort: WETTSPRINGEN

Ziel: Wiederholung und Übung

Fächer: Mathematik

Klassenstufe: Ab 1

Voraussetzung: Keine

Sozialform: Beliebig

Zeit: 10 Minuten

Material: Kein

Vorbereitung: Keine

Durchführung: Die Schüler sitzen an ihren gewohn-
ten Plätzen. Zwei benachbarte Schüler bekommen eine Aufgabe gestellt. Derjenige,
der sie gelöst hat, rechnet gegen den nächsten Schüler. Sieger ist der, der die meisten Schüler überspringt.

Lit.-Hinweis: Heinemann (1976)

Stichwort: WER HAT DEN GRÖSSTEN GEBURTSTAG

Ziel: Zahlen im Zahlenbereich bis 1 Million
der Größe nach ordnen.

Fächer: Mathematik

Klassenstufe: Ab 3

Voraussetzung: Keine

Sozialform: Gruppen zu 6 - 8 Schülern

Zeit: 8 - 10 Minuten

Material: Pro Schüler einen Zettel

Vorbereitung: Keine

Durchführung: Jeder Schüler schreibt sein Ge-
burtsdatum auf seinen Zettel ohne die
Punkte hinter Tag und Monat, z.B.
15.11.67 = 151167.
Hat ein Datum weniger als sechs Ziffern,
so wird durch Nullen auf eine sechsstelli-
ge Zahl ergänzt, z.B. 3.4.55 = 345500.
Jetzt sollen die Schüler jeder Gruppe heraussuchen, wer aus ihrer Gruppe die höchste Zahl auf seinem Zettel hat. Die Schüler,
die in ihrer Gruppe die höchste Zahl hatten,
suchen unter sich wieder denjenigen mit der
größten Zahl heraus, dessen Gruppe wird dann
Sieger.

Variation:

1. Für ältere Schüler kann man dies als
Knobelaufgabe geben: An welchem Tag,
Monat, Jahr müßte man geboren sein, so
daß man in jedem Fall Sieger wird?

Mathematik

2. Um die schriftliche Addition zu üben, kann
   jede Gruppe ihre Geburtsdatenzahlen unter-
   einanderschreiben und addieren. Die Gruppe
   mit dem höchsten/niedrigsten Ergebnis hat
   gewonnen.

Stichwort: ADDITION VON ZWEIERPOTENZEN

Ziel: Vorübung für das Rechnen mit Potenzen,
      für das Rechnen im Zweierland
      (Dualsystem).

Fächer: Mathematik

Klassenstufe: Ab 3

Voraussetzung: Keine

Sozialform: Gruppe zu 4 - 6 Schülern

Zeit: ca. 15 Minuten

Material: Große Pappschilder für jede Gruppe,
           auf denen Potenzen der Zahl 2 stehen:
           1, 2, 4, 8, ...。

Vorbereitung: Zahlen auf Pappschilder schreiben.

Durchführung: Der Lehrer nennt eine beliebige
               Zahl aus dem Zehnersystem. Jede Schüler-
               gruppe versucht nun so schnell wie mög-
               lich, alle Zahlen hochzuheben, die addiert
               die genannte Zahl ergeben. Die Gruppe, die
               zuerst die richtigen Potenzen hochhält, hat
               gewonnen.

Variation:

    1. Beherrschen die Schüler bereits die
        Potenzrechnung, so können die Zweier-
        potenzen direkt auf die Pappe geschrie-
        ben werden, also: 2^0, 2^1, 2^2, 2^3, ...

    2. Das gleiche Spiel läßt sich natürlich
        auch mit 3er oder 4er Potenzen ausführen.

Mathematik

Stichwort: ZAHLENTREFFEN

Ziel: Rechentraining, Einmaleinstraining

Fächer: Mathematik

Klassenstufe: Ab 2

Voraussetzung: Keine

Sozialform: Beliebig

Zeit: 5 Minuten

Material: Kein

Vorbereitung: Der Lehrer schreibt einige Zahlen durcheinander an die Tafel.

Durchführung: Die Zahlen an der Tafel sind die Ergebnisse von Aufgaben, die von den Schülern zu finden sind. Der Lehrer schreibt nun bestimmte Operationszahlen oder Operationszeichen vor, mit denen die Schüler eine Aufgabe bilden sollen, die als Ergebnis eine Zahl an der Tafel hat. Diese Zahl an der Tafel ist dann getroffen; der Lehrer streicht sie durch. Das Spiel ist beendet, wenn alle Zahlen durchgestrichen sind.

Variation: Das Spiel kann auch in zwei Gruppen gespielt werden. Abwechselnd aus jeder Gruppe darf ein Schüler seine Aufgabe nennen. Trifft er eine Zahl, bekommt die Gruppe einen Punkt.
Sieger ist die Gruppe mit den meisten Punkten.

Lit.-Hinweis: Heinemann (1976)

Stichwort: ZAHLENSCHLANGE

Ziel: Übung der Addition - Subtraktion
(Jeder Schüler kommt an die Reihe)

Fächer: Mathematik

Klassenstufe: Ab 1

Voraussetzung: Keine

Sozialform: Beliebig

Zeit: 5 Minuten

Material: Kein

Vorbereitung: Keine

Durchführung: Der Lehrer nennt eine Anfangszahl
(z.B. 430) und ein Rechenzeichen mit einer
Zahl (z.B. + 15). Der erste Schüler beginnt und rechnet 430 + 15 = 445. Der daneben-
sitzende Schüler nimmt das Ergebnis 445 und
addiert + 15. Mit dem neuen Ergebnis rechnet der nächste Nachbar wieder + 15. Das
Spiel endet, wenn jeder einmal an der Reihe
gewesen ist.

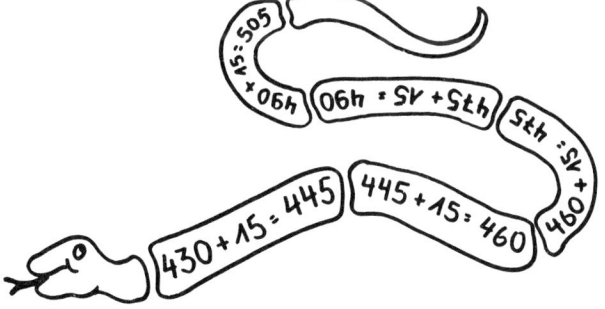

Stichwort: TAUSENDERZAHLEN WÜRFELN

Ziel: Die Schüler sollen sagen können, welche von
zwei Zahlen größer ist. (Als Übung im Umgang mit großen Zahlen gedacht.)

Fächer: Mathematik

Klassenstufe: Ab 3

Voraussetzung: Keine

Sozialform: Zwei Gruppen

Zeit: 20 Minuten

Material: Ein großer Schaumstoffwürfel

Vorbereitung: Keine

Durchführung: Es sollen möglichst große 4-stellige
Zahlen gewürfelt werden. Die erste Gruppe
beginnt; ein Schüler darf 4mal würfeln. Nach
jedem Wurf muß er entscheiden, an welche
Stelle er die Ziffer setzt. Würfelt er eine
niedrige Ziffer, ist es ratsam, sie an die
Einerstelle zu setzen. Eine hohe Ziffer sollte für die Tausenderstelle gewählt werden.
Danach ist ein Schüler aus Gruppe 2 an der
Reihe und würfelt ebenfalls 4mal. Die Gruppe, die die größere Zahl gewürfelt hat,
erhält einen Punkt.
Für die 3. Klasse muß das Spiel entsprechend
mit 3-stelligen Zahlen gespielt werden.

Variation:

1. Das Spiel läßt sich auch in drei Gruppen spielen mit entsprechender Punkt-
verteilung.

2. Die Zahlen können miteinander verrechnet
werden (Addition, Subtraktion usw.).

Stichwort: BLIND RECHNEN

Ziel: Rechenübung, Konzentration soll gefördert werden, es kann Ruhe in die Klasse gebracht werden.

Fächer: Mathematik

Klassenstufe: Ab 1

Voraussetzung: Keine

Sozialform: Beliebig

Zeit: ca. 5 Minuten

Material: Kein

Vorbereitung: Aufgaben ausdenken, dazu jeweils
drei verschiedene Ergebnisse, wovon eins
richtig ist.

Durchführung: Der Lehrer gibt die Anweisung,
daß alle Schüler es sich jetzt bequem
machen dürfen, die Augen schließen sollen
und den Kopf auf die Arme und auf den Tisch
legen sollen. Der Lehrer sagt die erste
Aufgabe. Nach einer kurzen Zeit nennt er
3 verschiedene Ergebnisse. Bei dem richtigen Ergebnis heben die Schüler den Arm,
ohne dabei aufzuschauen. Danach gibt der
Lehrer das richtige Ergebnis bekannt, und
es folgt die nächste Aufgabe.

Mathematik

Stichwort: STEUERZAHLEN

Ziel: Rechenübung, logisches Schließen

Fächer: Mathematik

Klassenstufe: Ab 3

Voraussetzung: Keine

Sozialform: Gruppen zu etwa 4 Schülern

Zeit: 10 Minuten

Material: Kein

Vorbereitung: Keine

Durchführung: Der Lehrer gibt 5 Zahlen vor,
alle Rechenoperationen sind erlaubt.
Durch möglichst günstige Verknüpfung
und den einmaligen Gebrauch der Zahlen
soll ein möglichst kleines Endergebnis
erzielt werden. Jede Gruppe schreibt
ihre Rechnung und das Ergebnis an die
Tafel. Die Gruppe mit dem kleinsten
Ergebnis ist Sieger.

Beispiel:
Vorgegeben: 32, 7, 11, 14, 8

$32 : 8 + 14 - 11 - 7 = 0$

Variation:

1. Die Zahlen dürfen je zweimal verwendet werden.
2. Ab Klasse 6: Die Grundmenge wird
   erweitert auf die ganzen Zahlen.

Stichwort: SANDWICH-METHODE

Ziel: Übung und Vertiefung der Grundrechenarten.

Fächer: Mathematik

Klassenstufe: Ab 1

Voraussetzung: Grundrechenarten

Sozialform: Gruppenarbeit, Klassenverband

Zeit: 10-20 Minuten

Material: Alte Zeitungen, dickschreibender Filzstife.

Vorbereitung: Auf die Doppelseiten der alten Zeitungen werden Rechenaufgaben geschrieben. Die Aufgaben müssen so gewählt sein, daß ca. 3-5 Aufgaben das gleiche Ergebnis ergeben. Nun fertigt
man für jede Aufgabengruppe eine Zeitung mit
der Lösung an.
In die Mitte jeder Seite schneidet man ein Loch,
damit der Kopf durchpaßt.

Durchführung: Jeder Schüler bekommt eine Zeitung umgehängt und bildet so ein "Sandwich".

Die Schüler mit den "Ergebniszeitungen" stellen sich in die Ecken des Raumes. Die Schüler mit
den "Aufgabenzeitungen" müssen sich nun den richtigen Ergebnissen zuordnen. Das Spiel ist beendet,
wenn sich alle Aufgaben bei dem richtigen Ergebnis
befinden.

Stichwort: I SEE A THING

Ziel: Bildung von Aussage- und Fragesätzen in
       Englisch.

Fächer: Englisch

Klassenstufe: Ab 6

Voraussetzung: Keine

Sozialform: Zwei Gruppen

Zeit: Beliebig

Material: Kein

Vorbereitung: Keine

Durchführung: Alle Gegenstände sollen sich im Klas-
               senraum befinden. Die Schüler verteilen sich
               auf eine Frage- und eine Antwortgruppe. Zu
               den Aufgaben der Antwortgruppe gehört es, den
               zu erratenden Gegenstand zu umschreiben, z.B.
               so: "I see a thing. It is blue."
                   "I see something. It's made of wood
                   (glass, metal)."
               Die Fragegruppe soll nun diesen Gegenstand er-
               raten. "Is it the vase?" etc. Die Antworter
               dürfen nur mit "yes" or "no" antworten.

Variation: Einbau von Schwierigkeiten, z.B. nur der
            Anfangsbuchstabe ist gegeben oder auch gar kein
            Anhaltspunkt, und so müssen sich die Schüler
            bis zum Gegenstand hindurchfragen, z.B.
            Is it big?; small?; on the wall?; is it black?.

Fächerüber-
greifend

Stichwort: TEXT-PUZZLE

Ziel: Alle Schüler sollen miteinander kommunizieren;
Schüler sollen Satzaufbau kennenlernen;
sprachliche Kreativität soll gefördert werden.

Fächer: Fächerübergreifend

Klassenstufe: Ab 5

Voraussetzung: Keine

Sozialform: Gruppenarbeit

Zeit: Beliebig

Material: Briefumschläge mit beliebig vielen Satzteilen und einzelnen Wörtern.

Vorbereitung: Der Lehrer sucht einen geeigneten Text
aus, den er in Satzteile und Wörter zerschnei-
det und gemischt auf einzelne Briefumschläge so
verteilt, daß jede Gruppe mindestens einen, ansonsten möglichst viele Sätze bilden kann.

Durchführung: Jeder Schüler der Gruppe bekommt einen
Briefumschlag, dessen Inhalt er vor sich auf
den Tisch legt. Ein Schüler nach dem anderen
beginnt sein Wortmaterial vorzulesen, bis alle
Wörter der Gruppe bekannt sind. Dann versuchen
die Schüler der Gruppe gemeinsam ihr Wortmaterial zu Sätzen zu kombinieren. Sind alle Gruppen fertig, lesen diese ihre Ergebnisse vor, die
dann besprochen werden können.

Variation: Als Einstieg für ein bestimmtes Thema in
Deutsch, Englisch oder auch Erdkunde und Geschichte, kann sich der zu kombinierende Text
auf das zu behandelnde Thema beziehen.

Stichwort: REISE NACH PRAG

Ziel: Erkennen von Systemen, Konzentrationsübung.

Fächer: Fächerübergreifend

Klassenstufe: Ab 3

Voraussetzung: Keine

Sozialform: Gruppen

Zeit: Beliebig

Material: Kein

Vorbereitung: Keine

Durchführung: Der Spielleiter sagt, daß er nach
Prag reisen will und bittet einen Spieler
ihm zu sagen, was dieser auf die Reise mit-
nehmen würde. Der Spielleiter sagt dann, ob
der Spieler mitfahren kann. Dann fragt er
einen anderen Spieler, was dieser nitnehmen
will. Es ist so lange zu spielen, bis alle
den Trick herausgefunden haben, wonach der
Spielleiter urteilt:

Beispiele:
- Es muß ein Gegenstand mit "O" sein.
- Es muß etwas sein, was der linke Nachbar
  des Gefragten, der Gefragte selbst oder
  der Spielleiter an sich hat.
- Es muß etwas sein, daß im Raum ist.
- Es muß blau sein.

Stichwort: GROSSER KOFFER

Ziel: Anderen zuzuhören;
Schulung der Konzentrationsfähigkeit
Schulung des Gedächtnisses

Fächer: Fächerübergreifend

Klassenstufe: Ab 1

Voraussetzung: Keine

Sozialform: Gruppen

Zeit: Beliebig

Material: Gegenstände

Vorbereitung: Keine

Durchführung: Die Klasse wird je nach Größe in
2-3 Gruppen aufgeteilt; was bei einer
kleinen Klasse nicht notwendig ist. Schüler
A zeigt seinen Gegenstand und sagt: "Morgen
fahre ich nach England und nehme mit: eine
Taschenuhr." Schüler B sagt nun: "Morgen ...
eine Taschenuhr, einen Kamm." So wird das
Spiel fortgesetzt. Jeder Schüler zeigt seinen Gegenstand nur einmal und legt ihn dann
gleich zurück in die Schultasche. Wer beim
Wiederholen einen Gegenstand falsch nennt,
scheidet aus.

Variation: Wird diese Übung im Englischunterricht
durchgeführt (ab 5. Schuljahr), kann man die
Ziele erweitern. Hinzu kämen z.B.
1. Übung der Aussprache
2. Erweiterung und Einprägung des Wortschatzes

Stichwort: NACHSCHLAGESPIEL

Ziel: Übung im Umgang mit Nachschlagewerken

Fächer: Fächerübergreifend

Klassenstufe: Ab 3

Voraussetzung: Keine

Sozialform: Klassenverband

Zeit: Beliebig

Material: Kein

Vorbereitung: Keine

Durchführung: Der Lehrer nennt einen Begriff,
den die Schüler im Nachschlagewerk auf-
suchen müssen. Als Antwort ist die Seite,
eine Ergebnis oder ein Kapitel möglich.

Variation: Bei kleineren Kindern kann die Klasse in zwei Gruppen geteilt werden, um den
Wettbewerb zu erhöhen.

Fächerüber-
greifend

Stichwort: ECKENWANDERN

Ziel: Aktivierung der schwächeren Schüler;
        Festigung des Erlernten.

Fächer: Mathematik, Sprachen, Gemeinschaftskunde.

Klassenstufe: Ab 2

Voraussetzung: Keine

Sozialform: Vier Gruppen

Zeit: Beliebig

Material: Kein

Vorbereitung: Keine

Durchführung: Die Startpositionen sind die vier Ecken
        des Klassenraumes. Der Lehrer stellt eine Auf-
        gabe, die von je vier Schülern der gebildeten
        Gruppen gemeinsam gelöst werden sollen. Derje-
        nige, der die Aufgabe zuerst richtig gelöst hat,
        darf im Uhrzeigersinn eine Ecke weiterrücken.
        Wer zuerst die Ausgangsposition erreicht hat,
        beendet das Spiel.

Stichwort: RÜCKENSTÄRKUNG

Ziel: Wahrnehmungsfähigkeit entwickeln;
Kommunikationsfähigkeit entwickeln;
Eigene Standpunkte finden und ein-
bringen;
Aktivere Teilnahme der Schüler am
Unterrichtsgespräch.

Fächer: Fächerübergreifend

Klassenstufe: Ab 4

Voraussetzung: Keine

Sozialform: Partnergespräch, dann Gruppenarbeit

Zeit: ca. 20 Minuten

Material: Kein

Vorbereitung: Keine

Durchführung: Es wird ein Thema vorgegeben, über
das diskutiert werden soll. Jedes Gruppenmitglied sucht sich jetzt einen Partner und
diskutiert mit ihm das Thema. Man spricht
sich ab und setzt sich hintereinander in einen Kreis. Sind in der Gruppe 16 Leute, so
gibt es 8 "innere" Spieler und 8 "äußere".
Die "inneren" beginnen mit der Diskussion.
Sie werden von den "äußeren" mit Argumenten
unterstützt.

<u>Variation:</u>

1. Der "äußere" kann durch Platztausch
   direkt an der Diskussion teilnehmen.

2. Hinter jedem "inneren" Spieler sitzen
   zwei weitere Spieler.

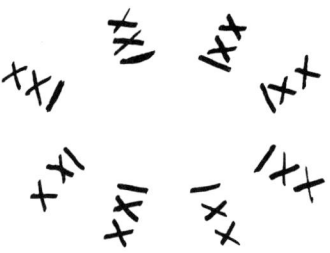

3. Es wurde vorher in Partnerarbeit eine
   Diskussionsgrundlage erarbeitet.

Stichwort: REIMEN MIT "KEIN ... OHNE"

Ziel: Phantasie aktivieren

Fächer: Fächerübergreifend

Klassenstufe: Ab 3

Voraussetzung: Keine

Sozialform: Keine

Zeit: ca. 10 - 15 Minuten

Material: Kein

Vorbereitung: Keine

Durchführung: Ein Kind beginnt mit einer Zeile eines Reimes, in der "kein ... ohne" vorkommt, z.B. "Kein Wasser ohne Schiff". Das nächste Kind muß so fortfahren, daß sich das folgende "kein ... ohne"-Beispiel auf das erste reimt, also z.B. "Kein Strand ohne Riff". Es denkt sich jetzt eine neue Zeile aus, z.B. "Kein Stecker ohne Strom", das nächste Kind fährt fort "Keine Stadt ohne Dom" usw.

Variation: Alle "kein ... ohne"-Beispiele müssen sich auf ein bestimmtes Fach (z.B. Geographie) beziehen, z.B. "Kein Land ohne Fluß".....usw.

Fächerüber-greifend

Stichwort: ROBOTER

Ziel: Etwas Gemeinsames schaffen;
Koordination von Arbeitsgängen.

Fächer: Fächerübergreifend

Klassenstufe: Ab 2

Voraussetzung: Schüler müssen mit Schere und
Klebstoff umgehen können.

Sozialform: Gruppen

Zeit: 1 - 2 Unterrichtsstunden

Material: Von Schülern gesammeltes Material, z.B.
Waschmittelkartons, Zigarettenschachteln etc.
Klebstoff, Scheren, Buntstifte oder Wasser-
farben, buntes Papier.

Vorbereitung: Keine

Durchführung: Jede Gruppe sortiert ihr Material
nach Größe und Form und baut nach eigenen
Vorstellungen, die im Gruppengespräch durch-
gespielt werden müssen, ihren Roboter.
Die einzelnen Arbeitsgänge sollten unter den
Schülern aufgeteilt werden: Zurechtschneiden
der Einzelteile des Roboters, Bemalen oder Be-
kleben der Einzelteile, Zusammenkleben der
Einzelteile.
Gegenseitige Hilfe ist dabei aber nicht aus-
geschlossen.

Stichwort: WÖRTER VERSTECKEN ZAHLEN

Ziel: Konzentrationsübung, Rechtschreibübung
und Additionsübung

Fächer: Mathematik, Deutsch

Klassenstufe: Ab 3

Voraussetzung: Keine

Sozialform: Beliebig, evtl. in Gruppen

Zeit: Von der Länge der Geschichte abhängig,
ca. 10 Minuten.

Material: Kein

Vorbereitung: Der Lehrer muß sich eine kleine
Geschichte ausdenken, in deren Wörter
möglichst viele Zahlwörter versteckt sind.

Durchführung: Der Lehrer liest die Geschichte
langsam vor. Die Schüler müssen genau aufpassen und die Zahlwörter, die in der Geschichte vorkommen, herausfinden und aufschreiben.
Zum Schluß sollen alle Zahlen addiert werden. Ziel ist es, möglichst die richtige
Zahl zu errechnen.

Beispiel: Einmal saßen sechs Wachtmeister
im Revier und spielten Klavier.

1 + 6 + 8 + 4 + 4 = 23

Lit.-Hinweis: Heinemann (1976)

Stichwort: STICHWORT-TEXT

Ziel: Die Schüler sollen den Inhalt längerer
Texte sinnvoll zusammenfassen können.

Fächer: Deutsch, Geschichte, Geographie, Biologie.

Klassenstufe: Ab 4

Voraussetzung: Keine

Sozialform: Gruppen

Zeit: ca. 20 Minuten

Material: Auf Matrize vorbereitete Texte.

Vorbereitung: Der Lehrer muß für jeden Schüler
einen Text bereit haben.

Durchführung: Die Klasse wird in Gruppen zu je
4 Schülern aufgeteilt. In diesen Gruppen
erhält jeder Schüler den gleichen Text.
Diesen Text soll nun jeder in Stichworten
schriftlich zusammenfassen. Anschließend
wird der Stichworttext zum Nachbarn wei-
tergereicht, der ihn korrigiert und ergänzt.
Das wird so oft wiederholt, bis jeder Schüler seinen eigenen Text zurückbekommen hat.
Anschließend wird in der Gruppe eine sinnvolle Inhaltsangabe besprochen. Das Ergebnis
jeder Gruppe wird später der Klasse vorgetragen.

Variation: Die Zusammenfassungen können der Reihe
nach mündlich vorgenommen werden. Die Mitschüler ergänzen oder korrigieren den Vortrag unmittelbar.

Stichwort: DREI DINGE

Ziel: Förderung der Kombinationsgabe, Anregung
der Phantasie.

Fächer: Deutsch, Fremdsprachen, Mathematik

Klassenstufe: Ab 1

Voraussetzung: Keine

Sozialform: Beliebig

Zeit: Beliebig

Material: Kein

Vorbereitung: Keine

Durchführung: Ein Schüler beginnt damit, daß er drei
Hauptwörter mit den gleichen Anfangsbuchstaben
nennt, aus denen dann sein Nachbar oder ein beliebiger Schüler einen Satz zu bilden hat.
Dieser nennt wieder drei andere Worte und ruft
einen anderen auf.

Variation: Man kann statt Worten auch Zahlen benutzen.
Die Schüler sollen die Beziehung der Zahlen untereinander herausfinden.

Ein Mann mit Maske reitet auf der Maus.

Mann
Maus
Maske

Fächerüber-
greifend

Stichwort: DICHTERLEHRLING

Ziel: Ausdrucksfähigkeit üben

Fächer: Deutsch, Sachkunde, Geschichte

Klassenstufe: Ab 1

Voraussetzung: Keine

Sozialform: Gruppen

Zeit: Beliebig

Material: Kein

Vorbereitung: Keine

Durchführung: Jeder Schüler der Gruppe denkt sich
ein Hauptwort aus. Einer meldet sich frei-
willig und beginnt, um sein Wort herum eine
Geschichte zu erzählen. Nach den einleiten-
den Worten deutet er auf einen Schüler, der
sein Wort nennt.
Der Dichterlehrling muß nun ohne zu zögern
dieses Wort in seine Geschichte einflechten.
Wenn er alle Worte der Gruppe eingeflochten
hat, kommt ein anderer Spieler an die Reihe
und es werden neue Worte ausgedacht. Noch
schwieriger wird es für den Dichterlehrling,
sich nicht verblüffen zu lassen, wenn die betreffenden Worte sofort bei Nennung ihren
Platz in einem Satz haben z.B. "...da öffnete
der Prinz das Kästchen, und er fand darin...
eine Bratpfanne... aus purem Gold...".

Stichwort: THEATERSPIEL

Ziel: Freies Auftreten vor der Klasse;
freies Sprechen.

Fächer: Fächerübergreifend

Klassenstufe: Ab 1

Voraussetzung: Keine

Sozialform: Beliebig

Zeit: Beliebig

Material: Kein

Vorbereitung: Keine

Durchführung: Ein Schüler stellt seinen Gegenstand
in einem "Theaterstück" dar. Die anderen versuchen, den Gegenstand zu erraten.

Variation: Mehrere Schüler stellen gemeinsam ihre
Gegenstände in einem "Theaterstück" dar.

Fächerüber-
greifend

Stichwort: WÖRTERBUCH

Ziel: Begriffserklärungen geben

Fächer: Fächerübergreifend

Klassenstufe: Ab 1

Voraussetzung: Keine

Sozialform: Gruppen

Zeit: Beliebig

Material: Kein

Vorbereitung: Keine

Durchführung: Es geht darum, Begriffe, die heute
viel benutzt werden, aber oft nur mangelhaft
verstanden werden, den Spielern transparen-
ter zu machen, z.B. autoritär, emanzipato-
risch. Der Begriff wird entweder vom Spielleiter vorgegeben oder von den Spielern vorgetragen. Ein Spieler fängt die Gesprächsrun-
de an, indem er einen kurzen Satz zur Er-
läuterung gibt. Sein rechter Nachbar ergänzt
oder verbessert diese Äußerung, dann kommt
der nächste Spieler an die Reihe. Es geht
darum, daß jeder etwas sagt und nicht nur
die Sprachgewandtesten des Kreises. Allerdings hat jeder andere Spieler (und der Spielleiter) die Möglichkeit, durch Handzeichen
einzugreifen, wenn er meint, daß eine falsche Aussage gemacht wurde. Danach wird bei
dem Spieler weitergemacht, bei dem unterbrochen worden ist.

Variation: Begriffserklärungen durch Rollenspiele.

Stichwort: HANDWERK

Ziel: Jeder Schüler soll in der Gruppe ein
fertiges Produkt eines vorgegebenen
handwerklichen Berufes zeichnen und
mündlich beschreiben.

Fächer: Deutsch, Sachkunde, Zeichnen

Klassenstufe: Ab 1

Voraussetzung: Keine

Sozialform: Gruppen

Zeit: 10 - 15 Minuten

Material: Papier, Stifte (bzw. Farbe und Pinsel)

Vorbereitung: Keine

Durchführung: Lehrer teilt jeder Gruppe eine
Berufsbezeichnung aus dem Handwerk zu
mit der Aufgabe, fertige Produkte dieses
Handwerks zeichnerisch darzustellen und
mündlich zu beschreiben (Form, Farbe, Material, Fertigungsgang).

Variation: Produkte können - wenn möglich - durch
eine Handlung oder ein Spiel dargestellt
werden.

Fächerüber-
greifend

Stichwort: BLINDFÜHLEN

Ziel: Sensomotorische Fähigkeiten fördern und differenzieren.

Fächer: Fächerübergreifend

Klassenstufe: Ab 1

Voraussetzung: Keine

Sozialform: Klassenverband, Gruppen

Zeit: Beliebig

Material: Kein, für die Variation Holz, Plastik, Möbel u.a. Gegenstände.

Vorbereitung: Keine, für die Variation Material bereitstellen.

Durchführung: Einem Schüler werden die Augen verbunden. Die anderen ordnen sich stehend oder sitzend in Kreisform um diesen Schüler. Der "blinde" Schüler muß jetzt einen Schüler aus dem Kreis ertasten und seinen Namen nennen. Einen besonderen Reiz bekommt das Spiel, wenn der "blinde" Schüler immer nennt, was er gerade zu ertasten glaubt.

Stichwort: DALLI, DALLI

Ziel: Förderung der Reaktionsschnelligkeit und Spontaneität.

Fächer: Fächerübergreifend

Klassenstufe: Ab 2

Voraussetzung: Keine

Sozialform: Gruppen zu zwei Schülern

Zeit: Beliebig

Material: Schreibmaterial

Vorbereitung: Keine

Durchführung: Um möglichst viele Schüler zu beschäftigen, ist es ratsam, die Kinder in Zweiergruppen zusammenarbeiten zu lassen. Der Lehrer gibt ein Stichwort oder Thema, beispielsweise zu einer vorangegangenen Unterrichtsstunde. In einer Zeit von 15 oder mehr Sekunden sollen die Schüler alles aufzählen, was sie darüber spontan wissen. Der benachbarte Schüler fungiert als Schiedsrichter und zählt die Punkte. Nach jeder Runde wird gewechselt.

Variation: Zur besseren Kontrolle des Lehrers kann dieses Spiel auch schriftlich durchgeführt werden, indem die Schüler in einer bestimmten Zeitspanne alles aufschreiben. Der Lehrer hat die Möglichkeit, die Zettel einzusammeln und anhand der einzelnen Punkte ein Unterrichtsgespräch anzuknüpfen. Bei einem noch nicht behandelten Thema kann er sich auf diese Weise über den Wissensstand seiner Schüler informieren.

Fächerübergreifend

Stichwort: HASENSCHIEßEN

Ziel: Gelerntes festigen

Fächer: Fächerübergreifend

Klassenstufe: Ab 2

Voraussetzung: Keine

Sozialform: Zwei Gruppen

Zeit: Beliebig

Material: Kein

Vorbereitung: Keine

Durchführung: Alle Schüler setzen sich auf die
Tische ihrer Klasse. Der Lehrer benennt
einen Schüler aus einer Gruppe, der sich
einen Gegner aus der anderen Gruppe sucht.
Die beiden Kinder stellen sich hin und bekommen eine Aufgabe gestellt.
Der zuerst richtig Antwortende bleibt stehen und sucht sich einen neuen Gegner aus
der anderen Gruppe. Der Verlierer muß sich
setzen und gilt als "abgeschossen".
Es hat die Gruppe verloren, deren Mitglieder zuerst alle "abgeschossen" sind.

Variation: Wenn ein Schüler drei Gegner "abgeschossen"
hat, wird gewechselt.

Stichwort: OUR NEIGHBOUR'S CAT

Ziel: Adjektive bzw. Beiwörter für die Katze
finden.
Gleichzeitig Wortschatzübung.

Fächer: Englisch, Deutsch, Französisch

Klassenstufe: Ab 6

Voraussetzung: Keine

Sozialform: Beliebig

Zeit: Beliebig

Material: Kein

Vorbereitung: Keine

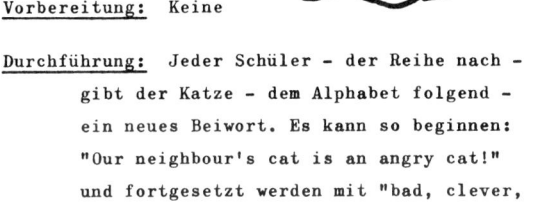

Durchführung: Jeder Schüler - der Reihe nach -
gibt der Katze - dem Alphabet folgend -
ein neues Beiwort. Es kann so beginnen:
"Our neighbour's cat is an angry cat!"
und fortgesetzt werden mit "bad, clever,
dirty, early, fat, grey, hungry, keen etc.
X und Z werden ausgelassen. Wer zweimal
nicht weiterwußte, scheidet aus.

Variation: Die Übung kann wiederholt werden mit
dem letzten Buchstaben des Alphabets.

Stichwort: FAKTEN FINDEN

Ziel: Wiederholung und Festigung von Wissen.

Fächer: Fächerübergreifend

Klassenstufe: Ab 2

Voraussetzung: Keine

Sozialform: Zweier-Gruppen

Zeit: 20 - 30 Minuten

Material: Pro Schüler je ein Kärtchen

Vorbereitung: Es müssen jeweils zwei zusammengehörige
Fakten aus einem behandelten Stoff zusammenge-
stellt werden. Diese werden allerdings auf zwei
getrennte Kärtchen geschrieben. Die Anzahl der
Fakten wird durch die Klassenfrequenz bestimmt.

Durchführung: Jeder Schüler zieht ein Kärtchen und
sucht dann einen Partner, auf dessen Karte ein
Begriff steht, der analog zu dem seinen ist.
Haben sich alle Schüler zu Zweier-Gruppen zusam-
mengefunden, so muß jede Gruppe erklären, warum
ihre Begriffe zusammengehören.

Hinweis: Im Unterricht muß vorher ein komplexes Thema
durchgenommen worden sein.

Stichwort: AN-DER-WAND-STEHEN SPIEL

Ziel: Wiederholung eines Sachgebietes

Fächer: Fachübergreifend

Klassenstufe: Ab 2

Voraussetzung: Keine

Sozialform: Klassenverband

Zeit: ca. 15 Minuten

Material: Kein

Vorbereitung: Keine

Durchführung: Den Schülern ist ein bestimmtes Sachgebiet bekannt. Alle Schüler stehen an einer
Wand. Der Lehrer stellt eine Frage aus dem bekannten Sachgebiet. Diejenigen Schüler, die
meinen, die Frage richtig beantworten oder erklären zu können, setzen sich auf Stühle. Diese Schüler sollen nun versuchen, ihren Mitschülern, die an der Wand noch stehen, die
Frage zu erläutern und helfen, daß diese ebenfalls antworten können.
Derjenige Schüler, der ohne Erfolg die Frage
zu klären versucht, muß wieder an die Wand.
Derjenige Schüler, der durch Mithilfe seines
Mitschülers die Antwort errät, kann sich setzen.

Variation: Anstatt sich an die Wand zu stellen, können die Schüler sich auch auf die Tische setzen.

Fächerüber-
greifend

Stichwort: NOTENRATEN

Ziel: Ausprägung des musikalisch-melodischen Empfindens.

Fächer: Musik

Klassenstufe: Ab 6

Voraussetzung: Kenntnis der Noten

Sozialform: Einzelarbeit

Zeit: Beliebig

Material: Musikinstrument sollte vorhanden sein.

Vorbereitung: Keine

Durchführung: Der Lehrer schreibt das unvollständige Notenbild einer Harmonieabfolge (z.B. Volkslied) an die Tafel und spielt diese Melodie den Schülern vor. Die Aufgabe der Schüler besteht darin, die fehlenden Noten einzufügen, die Stellung im Notenliniensystem zu finden und die Note zu benennen. Zur Überprüfung spielt der Lehrer die nun vollständige Melodie vor.

Anmerkung: Es ist nicht nur eine Lösung denkbar, da ein harmonischer Klang auch dann möglich ist, wenn die Noten nicht an der durch das Lied vorbestimmten Stelle stehen.

Stichwort: PAPAGEIEN-GESPRÄCH

Ziel: Zuhören lernen, Gehörtes wiedergeben können.

Fächer: Fächerübergreifend

Klassenstufe: Ab 1

Voraussetzung: Keine

Sozialform: Partnerübung

Zeit: ca. 15 Minuten

Material: Gegenstände der Schüler

Vorbereitung: Keine

<u>Durchführung</u>: Es werden Paare gebildet.

Die Paare einigen sich auf ein Gesprächs-
thema, das sich mit jeweils einem der beiden
Gegenstände befaßt. Ein Schüler beginnt zu
erzählen. Er darf von dem anderen Schüler nicht
unterbrochen werden. Kommt der zweite Schüler
an die Reihe, so muß er, bevor er mit der Geschichte fortfährt, erst inhaltlich genau das
wiederholen, was der erste Schüler gesagt hat.

<u>Variation</u>: Obige Methode mit einem jeweils dritten
Schüler, der darauf achtet, daß die Regel ein-
gehalten wird.

Stichwort: KEINE ZEIT FÜR LANGE REDEN

Ziel: Verbesserung der Ausdrucksfähigkeit

Fächer: Fächerübergreifend

Klassenstufe: Ab 3

Voraussetzung: Keine

Sozialform: Gruppenarbeit

Zeit: Beliebig

Material: Kein

Vorbereitung: Keine

Durchführung: Jede Gruppe wählt einen Sprecher.
Der Lehrer setzt einen Themenbereich fest,
der von drei der vier Gruppen kurz und
präzise formuliert wiedergegeben werden
muß. Die vierte Gruppe bildet die Jury
und bewertet die Vorträge.

Fächerüber-
greifend

Stichwort: WOHNUNGSSUCHE

Ziel: Schulung der verbalen Ausdrucksfähigkeit

Fächer: Deutsch, Gemeinschaftskunde

Klassenstufe: Ab 1

Voraussetzung: Keine

Sozialform: Klassenverband, Gruppen

Zeit: Beliebig

Material: Alte Zeitungsanzeigen

Vorbereitung: Anzeigen aussuchen

Durchführung: Die Schüler werden aufgeteilt in
Vermieter und Wohnungssuchende. Der Vermieter benennt einige Anzeigen, deren Wohnungen er hat. Der Wohnungssuchende versucht
jetzt, eine der Wohnungen zu mieten.
Es soll hierbei grundsätzlich vom Anzeigen-
text ausgegangen werden, um die möglichen
Inhalte kennenzulernen.

Variation: Autokauf, Stellensuche usw.

Stichwort: FARBKREISMALEN

Ziel: Fähigkeit, Farben zu mischen.

Fächer: Kunst

Klassenstufe: Ab 1

Voraussetzung: Keine

Sozialform: Einzelarbeit

Zeit: 45 Minuten

Material: Gelbe, blaue und rote Tuschfarben, Papier, Pinsel, eine Banane, eine Zitrone, eine Apfelsine, eine Pflaume, ein roter und ein grüner Apfel, eine Nuß.

Vorbereitung: Keine

Durchführung: Der Lehrer nennt die drei Grundfarben: Blau, Gelb und Rot. Dann zeigt er die oben genannten Gegenstände und stellt die Aufgabe, diese Gegenstände farblich genau nachzumalen. Durch Probieren sollen die Schüler selbst herausfinden, welche Farbkombinationen die Mischfarben ergeben.

Variation: Durch Probieren sollen die Schüler ebenfalls herausfinden, daß durch große und kleine Farbmengen beim Mischen unterschiedliche Farbvarianten entstehen können.

Fächerübergreifend

Stichwort: BILD UND GESCHICHTE

Ziel: 1. Einübung der Fertigkeit im Figurenzeich-
         nen (Haus, Mensch etc.);
      2. Formulierung von Sätzen;
      3. Gegenseitiges Helfen innerhalb der Gruppe,
         Akzeptieren bzw. gerechtes Beurteilen der
         Leistung des anderen.

Fächer: Deutsch, Geschichte, Erdkunde, Biologie

Klassenstufe: Ab 2

Voraussetzung: Keine

Sozialform: Gruppen

Zeit: ca. 30 Minuten

Material: Zeichenpapier oder Tapetenreste,
          Wasserfarben, Pinsel, Glas Wasser pro Gruppe.

Vorbereitung: Jede Gruppe erhält ein großes Blatt
          Zeichenpapier bzw. Tapete (50 x 50 cm), auf
          dem ein Bestandteil des Bildes schon aufge-
          malt ist, z.B. ein Haus, ein Baum, die Sonne
          etc.

Durchführung: Die Schüler bilden Gruppen zu je
          fünf Schülern. Jede Gruppe erhält ein 50x50 cm
          großes Blatt Zeichenpapier, auf dem ein Be-
          standteil eines Bildes schon aufgemalt ist,
          z.B. ein Haus, eine Blume etc. Jede Gruppe
          erhält die Aufgabe, das begonnene Bild so zu
          vervollständigen, daß am Ende eine Geschichte
          dazu erzählt werden kann. Jeder Schüler soll
          seinen Beitrag dazu leisten, indem er das
          Bild um einen Bestandteil und damit die Ge-
          schichte um einen Satz erweitert.

Beispiel: "Am Ende der Straße steht unser Haus."
(Vorgegeben)

    1. Schüler "Hinter unserem Haus liegt ein großer Garten."

    2. Schüler "Dort spielen wir immer mit unseren Freunden."

    usw.

Während der Gruppenarbeit soll jeder Schüler erläutern, was er zum Bild hinzufügen möchte, und wie er seinen Satz formulieren will. Beim Malen und beim Formulieren der Sätze können die Schüler sich gegenseitig helfen. Am Schluß der Stunde soll jede Gruppe ihr Bild und ihre Geschichte der ganzen Klasse vorstellen, indem jeder Schüler "seinen" Satz zu seinem Beitrag erzählt.

Variation: Die Schüler erhalten Themen, z.B. Frühling, Sommer, Herbst und Winder, so daß die Klasse insgesamt eine Bilderfolge erarbeitet.

Fächerübergreifend

Stichwort: GEDÄCHTNISLÜCKE

Ziel: Sprechübung

Fächer: Deutsch, Englisch, Französisch

Klassenstufe: Ab 3

Voraussetzung: Keine

Sozialform: Gruppen

Zeit: ca. 30 Minuten

Material: Jeder Schüler bringt einen kleinen Gegenstand mit.

Vorbereitung: Schüler setzen sich an Gruppentischen
zusammen.

Durchführung: Ein Schüler erzählt eine Geschichte
über seinen mitgebrachten Gegenstand. Jedesmal, wenn er den Gegenstand nennen müßte, tut
er so, als ob er den Namen vergessen hätte.
Die übrigen Schüler versuchen, den Gegenstand
zu erraten. Dann erzählt der nächste Schüler
seine Geschichte.

Variation: Ausdehnung auf Fremdsprachen

Stichwort: BUCHSTABENRÄTSEL

Ziel: Wiederholung eines Sachgebietes

Fächer: Deutsch, Biologie, Geschichte, Erdkunde

Klassenstufe: Ab 3

Voraussetzung: Keine

Sozialform: Einzelarbeit

Zeit: 15 Minuten

Material: Tafel und Kreide

Vorbereitung: Keine

Durchführung: Der Lehrer schreibt den Anfangs- und
Endbuchstaben eines Wortes aus dem bekannten
Sachgebiet an die Tafel. Ein Schüler soll nun
die fehlenden Buchstaben erraten und eintragen.
Bei der richtigen Lösung der Aufgabe soll der
Schüler das nächste Rätsel an die Tafel schrei-
ben.

Beispiel: Erdkunde Thema
Städte
Tafelanschrieb: H . . . . . G
Lösung: H A M B U R G

**Fächerüber-
greifend**

Stichwort: STADTRUNDFAHRT

Ziel: Reaktions- und Konzentrationstraining

Fächer: Geographie

Klassenstufe: Ab 3

Voraussetzung: Keine

Sozialform: Klassenverband

Zeit: Beliebig

Material: Kein

Vorbereitung: Keine

Durchführung: Die Schüler sitzen hintereinander
oder im Kreis. Der Reiseleiter muß die Gruppe gut übersehen können. Er macht mit den
Reisenden eine Rundfahrt durch eine Stadt
(Heimatstadt oder im Unterricht besprochene
Stadt). Er führt dabei die Sehenswürdigkeiten auf, an denen sie vorbeikommen. Bei richtig genannten Sehenswürdigkeiten stehen die
Schüler auf, um anzuzeigen, daß sie ausstei-
gen wollen. Bei falschen Angaben bleiben sie
sitzen und machen den Reiseleiter auf den Fehler aufmerksam.

Stichwort: KREUZWORTRÄTSEL

Ziel: Einprägen und Wiederholen von Begriffen und
Fakten.

Fächer: Fachübergreifend

Klassenstufe: Ab 4

Voraussetzung: Keine

Sozialform: Einzelarbeit; auch Gruppenarbeit möglich.

Zeit: Beliebig

Material: Ein vom Lehrer entworfenes, unterrichtsspe-
zifisches "Kreuzworträtsel".

Vorbereitung: "Kreuzworträtsel" entwerfen und vervielfältigen.

Durchführung: Die Schüler sollen das "Kreuzworträtsel"
ausfüllen. Sozialform bestimmen. Wettkampfsitua-
tion schaffen: "Wer als erster, zweiter und dritter das Lösungswort hat, der..."
Am Ende aller Ergebnisse für eine Lernzielkon-
trolle einsammeln. Das Kreuzworträtsel kann auch
als Hausaufgabe gegeben werden.

Variation:
1. Die Schüler selbst können ein solches "Kreuz-
    worträtsel" erarbeiten.
    Wenn das Kreuzworträtsel höhere Anforderungen
    an die Schüler stellt, so kann man je nach
    Größe des Rätsels 1-2 Joker zulassen, d.h.
    der Lehrer ergänzt ein bis zwei Ausdrücke,
    die dem Schüler bzw. dem Team fehlen.

Fächerüber-
greifend

2. Als Vorstufe zu dem Kreuzworträtsel kann
das Silbenrätsel eingeführt werden, das
in seiner Vorbereitung und Durchführung
wesentlich einfacher ist.

Stichwort: NACHEMPFINDEN

Ziel: Die Schüler sollen Quellen genau analy-
      sieren und deren Zusammenhänge begreifen
      können.

Fächer: Geschichte

Klassenstufe: Ab 6

Voraussetzung: Die geschichtlichen Zusammenhänge
      einer bestimmten Epoche müssen besprochen
      sein.
      Die Schüler müssen Texte analysieren und zu-
      sammenfassen können.

Sozialform: Gruppen

Zeit: ca. 15 Minuten

Material: Geschichtsquellen

Vorbereitung: Der Lehrer muß themengleiche Quellen
      einer bestimmten Zeit heraussuchen. Die Schü-
      ler müssen diese Texte zu Hause durcharbeiten.

Durchführung: Die Klasse wird in so viele Gruppen
      aufgeteilt, wie unterschiedliche Quellen vor-
      handen sind. Es wird nun eine Diskussion die-
      ser Gruppen zu dem in den Texten behandelten
      Thema durchgeführt, bei der jede Gruppe nur
      die Argumente ihres Textes vertreten darf.
      (Der Lehrer sollte jede fremde Argumentation
      zurückstellen.) Das Ergebnis der Diskussion
      wird von der ganzen Klasse zusammengefaßt und
      mit den geschichtlichen Entscheidungen ver-
      glichen.

Fächerüber-
greifend

<u>Variation:</u> Die Quellen werden schon im Unter-
richt besprochen und analysiert. Die Schüler wählen dann eine Gruppe, die den per-
sönlichen Standpunkt am besten vertritt.

Stichwort: BEGRÜNDUNG

Ziel: Vortrag vor der Gruppe,
Begründung der Handlung.

Fächer: Fächerübergreifend

Klassenstufe: Ab 3

Voraussetzung: Keine

Sozialform: Gruppe

Zeit: 7 - 10 Minuten

Material: Mitgebrachter Gegenstand

Vorbereitung: Keine

Durchführung: Innerhalb einer Gruppe (je nach Klas-
senstärke zwischen 4-6 Schüler) trägt jeder
Schüler vor, warum er gerade "diesen Gegenstand" mitgebracht hat. Er soll den anderen
Schülern einen evtl. Zusammenhang zwischen
ihm und dem Gegenstand verdeutlichen und ihnen
mitteilen.
Dabei lernt der Schüler, sein Handeln zu begründen und gewöhnt sich an das Sprechen vor
der Gruppe.
Der Lehrer hört abwechselnd bei den einzelnen
Gruppen zu.

Fächerüber-
greifend

Stichwort: FRAGERUNDE

Ziel: Einüben im Fragenstellen

Fächer: Fächerübergreifend

Klassenstufe: Ab 3

Voraussetzung: Keine

Sozialform: Gruppe

Zeit: 15 - 20 Minuten

Material: Mitgebrachter Gegenstand

Vorbereitung: Keine

Durchführung: Aufteilung der Klasse in mehrere
kleine Gruppen. Ein Schüler wird der Reihe
nach von seinen Mitschülern nach Eigenschaften seines Gegenstandes befragt. Bei
einer Ja-Antwort darf weiter gefragt werden. Der Schüler, der den Gegenstand errät, ist der nächste der befragt wird.

Variation:

1. Vorschreiben der Fragen durch den Lehrer

2. Anzahl der Fragen begrenzen

3. Erraten aller Gegenstände zugleich.
Jeder Schüler darf jeden Mitschüler
befragen (einzeln), ansonsten Durchführung
wie oben.

Stichwort: GEGENSTÄNDERATEN

Ziel: Gedächtnisübung

Fächer: Fächerübergreifend

Klassenstufe: Ab 1

Voraussetzung: Keine

Sozialform: Erst Kreis, dann Gruppen zu fünft

Zeit: 10 - 20 Minuten

Material: 15 - 20 verschiedene Gegenstände

Vorbereitung: Keine

Durchführung: Die Klasse sitzt im Kreis. Auf dem
Boden innerhalb des Kreises liegen 15-20
verschiedene Gegenstände, z.B. ein Bleistift,
ein Nagel, ein kleiner Ball, eine Schere usw.
Die Kinder haben eine Minute Zeit, die Gegenstände anzusehen. Sie dürfen nicht angefaßt
werden. Nach einer Minute wird ein Tuch über
die Gegenstände gebreitet. Die Kinder gehen
nun zu fünft zusammen in eine Ecke des Raumes
und verfertigen eine Liste aller Gegenstände.
Dann setzen sich alle wieder in den Kreis, und
jede Gruppe liest ihre Liste vor und prüft sie
auf Richtigkeit und Vollständigkeit.

Variation: Das gleiche Spiel, aber die Gegenstände
werden ohne aufzuschreiben vorgetragen.
Das gleiche Spiel, aber die Gegenstände beziehen sich auf ein bestimmtes Fach.

Fächerüber-
greifend

Stichwort: GEGENSTANDSRÄTSEL

Ziel: Die Schüler sollen lernen, vor einer Gruppe zu
sprechen; sie sollen lernen, Gegenstände genau
zu beschreiben.

Fächer: Deutsch, Sachkunde, Biologie

Klassenstufe: Ab 2

Voraussetzung: Keine

Sozialform: Gruppen von ca. 7-10 Schülern

Zeit: 15-20 Minuten

Material: Von den Schülern mitgebrachte Gegenstände;
mehrere Plastiktaschen - je nach Gruppenzahl.

Vorbereitung: Jeder Schüler muß einen kleinen, in
Papier gewickelten Gegenstand mitbringen.

Durchführung: Es werden Gruppen gebildet. Jede Gruppe
bekommt eine Plastiktüte, in welche die mitgebrachten Gegenstände gelegt werden. Jetzt werden
die Tüten unter den Gruppen ausgetauscht, damit
kein Schüler sein eigenes Päckchen in der Gruppe
hat. Nun muß sich jeder Schüler ein Päckchen
nehmen, den Gegenstand auspacken - dabei darf
kein anderer diesen Gegenstand sehen - und ihn
sich genau anschauen.
Jetzt beschreibt jeder Schüler den in seinen
Händen befindlichen Gegenstand möglichst genau,
ohne ihn zu nennen. Die anderen Schüler müssen
versuchen, ihn zu erraten und die Lösung auf einen Zettel schreiben. Wenn alle Gegenstände beschrieben worden sind, werden die Gegenstände
der Reihe nach gezeigt, damit die Schüler vergleichen können, ob und was sie richtig erkannt
haben.

Fächerüber-
greifend

Stichwort: FORTSETZUNGSGESCHICHTE

Ziel: Zuhören lernen, Gedächtnis trainieren, eigene Gedanken werden verbalisiert.

Fächer: Fächerübergreifend

Klassenstufe: Ab 2

Voraussetzung: Keine

Sozialform: Gruppen

Zeit: 5 - 10 Minuten

Material: Kein

Vorbereitung: Keine

Durchführung: Der Lehrer gibt ein Stichwort zu einem Thema, das sich auf den jeweiligen Unterrichtsstoff beziehen kann (aber nicht muß).
Innerhalb der Gruppe bildet ein Schüler einen Satz, der das vorgegebene Thema betrifft. Dann darf er ein anderes Gruppenmitglied bestimmen, das diesen Satz sinngemäß wiederholt und - wieder bezogen auf das Thema - einen 2. Satz formuliert. So geht es weiter, bis jeder Schüler einen eigenen Satz gebildet hat.
Da in den Gruppen sicher unterschiedliche Ergebnisse zustande kommen, kann der Lehrer diese "Geschichten" vortragen lassen.

Beispiel:
Stichwort "Wohnen" (2. Schuljahr)

1. Schüler: Es gibt unterschiedliche Häuserarten, in denen wir wohnen.

2. Schüler: Menschen leben in unterschiedlichen Häusern. Sie können in
Hochhäusern, Etagenhäusern, Ein-
familienhäusern usw. wohnen.

3. Schüler: Menschen leben unterschiedlich,
z.B. in Hochhäusern etc. Die
Häuser oder Wohnungen sind aufgeteilt in Zimmer.

4. Schüler: ....

Stichwort: FRAGE UND ANTWORT

Ziel: Wiederholung und Festigung des Erlernten.

Fächer: Für alle Fächer geeignet

Klassenstufe: Ab 2

Sozialform: Die Klasse wird in zwei gleichgroße Gruppen (A und B) geteilt.

Zeit: Beliebig

Material: Kein

Vorbereitung: Keine

Durchführung: Die Klasse wird in zwei gleichgroße Gruppen (A und B) geteilt. Jeder Schüler soll sich aus dem behandelten Unterrichtsstoff eine Frage ausdenken. Dann beginnt Gruppe A mit der Befragung. Jeweils ein Schüler aus Gruppe A stellt eine Frage an einen Schüler der Gruppe B. Ist der Befragte nicht in der Lage, die Frage zu beantworten, so erhält Gruppe A einen Punkt, nachdem der Fragende die Frage selbst beantwortet hat. Nun darf ein anderer Schüler aus Gruppe A eine Frage an einen Schüler der Gruppe B stellen. Kann dieser die Frage beantworten, so erhält Gruppe B einen Punkt und darf nun ihrerseits Fragen an Gruppe A stellen.

Stichwort: ERZÄHL' EINE GESCHICHTE

Ziel: Freies Reden; Zuhören; Weitererzählen einer vorgegebenen Geschichte; jeder kommt einmal dran.

Fächer: Fächerübergreifend

Klassenstufe: Ab 1

Voraussetzung: Keine

Sozialform: Gruppe

Zeit: Max. 15 Minuten

Material: Jeder Schüler bringt einen kleinen Gegenstand mit, den er den anderen Schülern nicht zeigt; Zettel.

Vorbereitung: Keine

Durchführung: Jeder Schüler schreibt sich die Namen aller Gruppenmitglieder auf seinen Zettel. Ein Schüler beginnt, eine selbst erdachte Geschichte zu erzählen, in der sein Gegenstand vorkommt. Die anderen Schüler schreiben den Gegenstand, von dem sie meinen, daß er erwähnt wurde, hinter den Namen des Erzählenden. So erzählt nun jeder reihum die Geschichte weiter, wobei er seinen Gegenstand erwähnt. Aufzählungen sind beim Erzählen nicht erlaubt. Zum Schluß haben alle Gruppenmitglieder hinter jedem Namen auf ihrem Zettel einen Gegenstand stehen. Jedes Gruppenmitglied sagt nun, welchen Gegenstand es welchem Namen (Schüler) zugeordnet hat.

<u>Variation:</u> Der Ablauf kann durch folgende Änderungen
variiert werden:

1. Es wird eine <u>bestimmte Geschichte</u> vorgegeben.

2. Die Geschichte ist <u>sinngemäß</u> weiterzuführen.

3. Es werden nur Gegenstände zu einem <u>bestimmten</u>
<u>Thema</u> mitgebracht.

4. Beim Weitererzählen müssen die <u>Stichworte</u> der
anderen Schüler mit <u>aufgegriffen</u> werden.

5. Bei der Erzählung wird statt der Erwähnung des
Gegenstandes ein <u>Phantasiewort</u>, z.B. "Knurzel",
verwendet.

6. Statt der Erwähnung des Gegenstandes kann auch
ein entsprechendes <u>Geräusch</u> gemacht werden.

7. An das Spiel kann eine <u>Diskussion über die</u>
"richtigen" Gegenstände angeschlossen werden.

Stichwort: GEFÜLLTE KALBSBRUST

Ziel: Phantasie fördern

Fächer: Fächerübergreifend

Klassenstufe: Ab 3

Voraussetzung: Keine

Sozialform: Gruppen

Zeit: 5 - 15 Minuten

Material: Kein

Vorbereitung: Keine

Durchführung: Die Klasse wird in Gruppen mit je
4 - 6 Schülern aufgeteilt. Jede Gruppe muß
aus ihren Reihen einen Schreiber bestimmen,
der ein Stück Papier und einen Stift erhält.
Der Lehrer nennt nun ein möglichst langes
Wort (oder schreibt es an die Tafel), das jeder Schreiber auf seinem Papier zweimal zu
notieren hat: am linken Papierrand einmal von
oben nach unten und am rechten Rand einmal
von unten nach oben, so daß der erste und der
letzte Buchstabe der beiden Buchstabenketten
in einiger Entfernung voneinander in einer
Reihe stehen. Die Aufgabe der Gruppe besteht
darin, den Zwischenraum zwischen den Buchstaben so auszufüllen, daß in jeder Zeile ein
sinnvolles Wort entsteht. Der Schreiber hat
nur zu schreiben, er darf nicht mitarbeiten.
Die Gruppe, die zuerst fertig ist, erhält
eine Belohnung.

Variation: Man kann für ältere Schüler ein
Thema angeben, zu dem die entstehenden
Wörter passen müssen.

Fächerüber-
greifend

Stichwort: Geo-Puzzle/Bio-Puzzle

Ziel: Form, Gestalt und wichtigste geographische
      Merkmale von Ländern und Kontinenten und
      ihre Beziehungen zueinander sollen erlernt
      oder wiederholt werden. Aufbau von Pflan-
      zen, Tieren und Mensch soll erlernt oder
      wiederholt werden.

Fächer: Geographie und Biologie

Klassenstufe: Ab 2

Voraussetzung: Keine

Sozialform: Partnerarbeit

Zeit: 30 - 45 Minuten

Material: Vervielfältigte Karten von Ländern und Kon-
          tinenten; vervielfältigte Querschnittzeichnungen
          von Pflanzen, Tieren und Menschen; Scheren, Pa-
          pier und Kleber.

Vorbereitung: Länder, Kontinente mit ihren typisch
              geographischen Merkmalen (Gebirge, Flüsse, Seen,
              Städte etc.) vervielfältigen.
              Querschnitte von Pflanzen, Tieren und Menschen
              mit ihren typischen Merkmalen vervielfältigen.

Durchführung: Verdeckt oder nicht verdeckt Länder-
              bzw. Kontinentkarten verteilen. Die Partner stel-
              len jeweils für den anderen mit der Schere ein
              Puzzle her. Nach 5-10 Minuten des Zerschneidens
              werden die Teile dem Partner übergeben, die die-
              ser zusammensetzt und auf ein Papier klebt.
              Fertiggestellte Länder etc. können zu einem Grö-
              ßeren komponiert werden.

Beispiel: 6-10 Schüler bauen ihre Länder zu
einer Europakarte zusammen.
Analoges läßt sich beim Bio-Puzzle durchführen.

Fächerüber-
greifend

Stichwort: SCHARFES AUGE

Ziel: Konzentrationstraining und Erlernen von
systematischem Beobachten.

Fächer: Fächerübergreifend

Klassenstufe: Ab 1

Voraussetzung: Keine

Sozialform: Klassenverband

Zeit: ca. 10 Minuten

Material: Tafel und Kreide, Overhead-Projektor und
Folie

Vorbereitung: Keine

Durchführung: Zeichnung erstellen. Alle Schüler müssen
sie gut sehen können.

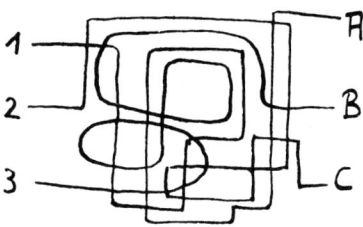

Die Schüler sollen die Linien mit den Augen von
den Zahlen zu den Buchstaben verfolgen.
Bei der Zeichnung ist darauf zu achten, daß sich
die Linien eindeutig kreuzen.

Lit.-Hinweis: Beyer (1977)

Stichwort: RECHENUHR

Ziel: Festigen und Vertiefen der Grundrechenarten.

Fächer: Mathematik

Klassenstufe: Ab 1

Voraussetzung: Keine

Sozialform: Gruppenarbeit

Zeit: Beliebig

Material: Je Gruppentisch eine Rechenuhr

        Material je Uhr:

        1 Brett ca. 40 x 40 cm aus Sperrholz, dicker
        Pappe o.ä.

        1 Zeiger aus Holz oder fester Pappe

        1 Schraube

        2 Metallplättchen

        Plakafarbe, Pinsel

        36 Pappkärtchen je Rechenuhr (5 x 5 cm groß)

Vorbereitung: Die Uhr wird als Kreis mit Plakafarbe
        auf das Brett gemalt. Dabei muß der Abstand
        zwischen Kreis und Brett 5 cm betragen.
        Der Kreis wird in 12 Felder geteilt.

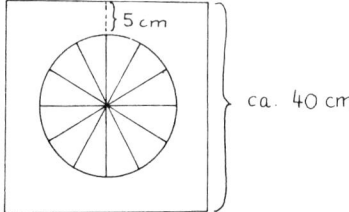

Der Zeiger wird auf die Schraube gezogen,
diese im Kreismittelpunkt zwischen zwei
Metallplättchen in das Holzbrett gedreht.
Das Loch im Zeiger muß so groß sein, daß
man ihn gut drehen kann.
Auf 12 Pappkärtchen schreibt man Aufgaben.
Die Ergebniskärtchen zu den Aufgaben werden
in dreifacher Ausfertigung geschrieben.

Durchführung: Jede Gruppe erhält eine Rechenuhr,
12 Aufgabenkarten und 24 Ergebniskarten.
Die Aufgabenkarten werden auf das Brett vor
die 12 Felder der Uhr gelegt. Die Ergebniskarten werden gut gemischt und unter die
Schüler verteilt. Die Schüler drehen nun reihum an der Uhr. Der Zeiger bleibt auf einem
Feld stehen und zeigt somit auf ein Aufgabenkärtchen (z.B. 3 x 4).
Schüler, die eine oder mehrere Kärtchen mit
einer 12 in der Hand haben, legen diese ab.
Sieger ist, wer zuerst alle Kärtchen abgelegt
hat.

Variation:

1.

Ziel: Zuordnen von Wort und Bild

Fächer: Deutsch

Klassenstufe: Ab 1

Vorbereitung: a) Material
Auf die 12 Aufgabenkärtchen werden Bilder geklebt (dargestellt werden sollen
nur Einzelgegenstände).

Die entsprechenden Bezeichnungen (Wörter) werden auf die 24 Ergebniskärtchen geschrieben.

Durchführung: Siehe oben

Die Schüler legen die Kärtchen ab, auf denen der entsprechende Begriff zu dem Bild steht.

2.

Ziel: Erkennen des Anfangsbuchstabens

Fächer: Deutsch

Klassenstufe: Ab 1

Vorbereitung: a) Material

12 Bildkärtchen

24 Buchstabenkärtchen

Durchführung: Siehe oben

Die Schüler, die den Anfangsbuchstaben des Begriffes haben, legen das entsprechende Kärtchen ab.

3.

Ziel: Zuordnen von Menge und Zahl

Fächer: Mathematik

Klassenstufe: Ab 1

Vorbereitung: a) Material

12 Kärtchen, auf denen Mengen abgebildet sind

. . .

. . .

. . .

24 Zahlenkarten

Fächerübergreifend

Durchführung: Siehe oben

Schüler, die z.B. eine 9 auf ihrem Kärtchen haben, legen diese ab, wenn der Zeiger auf die entsprechende Mengenkarte zeigt.

4.

Ziel: Erkennen gleicher Merkmale

Fächer: Mathematik

Klassenstufe: Ab 1

Vorbereitung: a) Material

Merkmalsplättchen in verschiedenen Farben, Formen und Größen.

Durchführung: Vor jedes der 12 Felder wird ein Plättchen gelegt. Die restlichen Plättchen werden gleichmäßig unter die Schüler verteilt. Abgelegt werden nur Plättchen, die in allen Merkmalen mit dem Plättchen auf der Uhr übereinstimmen, auf das der Zeiger jeweils zeigt.

Stichwort: SANDWICH-METHODE

Ziel: Anwendung und Vertiefung von geogra-
phischem Wissen.

Fächer: Geographie, Geschichte

Klassenstufe: Ab 2

Voraussetzung: Keine

Sozialform: Gruppenarbeit, Klassenverband

Zeit: 10-20 Minuten

Material: Alte Zeitungen, dickschreibender
Filzstift.

Vorbereitung: Auf die Doppelseiten der alten
"Zeitungen" werden Ländernamen geschrieben;
auf die restlichen Zeitungen Städte, Flüsse
und Gebirge, die sich in den Ländern befinden. In die Mitte jeder Zeitungsseite schneidet man ein Loch, damit der Kopf durchpaßt.

Durchführung: Jeder Schüler bekommt eine Zeitung
umgehängt und bildet so ein "Sandwich".

Die Schüler müssen nun die Städte, Flüsse
und Gebirge den richtigen Ländern zuordnen.

Variation: Für den Geschichtsunterricht lassen sich
z.B. historische Ereignisse den Jahreszahlen
zuordnen.

Fächerüber-
greifend

Stichwort: NAMEN AUF DEM RÜCKEN

Ziel: Personenbeschreibung

Fächer: Deutsch, Geschichte, Biologie, Erdkunde.

Klassenstufe: Ab 3

Voraussetzung: Keine

Sozialform: Gruppe von 6 - 8 Schülern

Zeit: Beliebig

Material: Zettel mit Namen

Vorbereitung: Der Lehrer muß Zettel mit Namen anfertigen; die Namen müssen den Schülern bekannt sein (evtl. Klassenmitglieder).

Durchführung: Jedes Gruppenmitglied hat einen Zettel mit einem Namen auf seinem Rücken kleben. Er selber kennt den Namen auf seinem Zettel nicht, aber die anderen. Durch gezielte Fragen an die Gruppenmitglieder soll der 'aufgeklebte' Name erraten werden. Die Gruppenmitglieder dürfen nur mit ja oder nein antworten. Man darf so lange weiterfragen wie mit ja geantwortet wird, wenn ein nein erfolgt, darf ein anderes Gruppenmitglied seinen Namen erfragen.

Variation: Es können ebenso <u>Begriffe</u> aus verschiedenen Fächern erfragt werden.

Stichwort: BEGRIFFE KOMBINIEREN

Ziel: Phantasieanregung und Ausdrucksübung

Fächer: Deutsch, Geschichte, Geographie, Biologie.

Klassenstufe: Ab 3

Voraussetzung: Die Schüler müssen schon vorher
Aufsätze zu leichteren Themen, die nicht
so eng gebunden sind, geschrieben haben.

Sozialform: Einzelarbeit

Zeit: 1 Stunde

Material: Tafel, Papier, Schreibzeug

Vorbereitung: Verschiedene Begriffe (Gegenstände,
Tiere, Menschen) bereit legen.

Beispiel:
Katze, Spiegel, Lastwagen, Pfote, Freund.

Durchführung: Der Lehrer schreibt die Begriffe an
die Tafel, und die Schüler sollen nun eine
Erzählung schreiben, in der jeder dieser Begriffe mindestens einmal vorkommt.

Variation: Die Begriffe können beliebig ausgetauscht werden. Die Anzahl der Begriffe
kann verschieden sein, und sie können so
gewählt sein, daß sie nur aus einem Themenbereich stammen.

Fächerüber-
greifend

Stichwort: MEMORY

Ziel: Gewinnen von Sicherheit in den Grundrechenarten; Konzentrationsübung.

Fächer: Mathematik, Deutsch, Englisch

Klassenstufe: Ab 1

Voraussetzung: Keine

Sozialform: Gruppenarbeit

Zeit: Beliebig, je nach Menge der Karten
10 - 20 Minuten.

Material: Pro Gruppentisch etwa 30 Karten (mit
einer Seitenlänge von 5 x 5 cm).
Die Karten müssen alle aus dem selben Material sein, die Rückseiten gleich.
Gut eignen sich auch Reklamekartenspiele,
die entsprechend beklebt werden.

Vorbereitung: Man teilt die Anzahl der Karten und
schreibt auf die eine Hälfte Aufgaben, auf
die anderen Karten die entsprechenden Ergebnisse.
Beispiel: $7 + 6 = 13$
$4 \times 7 = 28$
$35 - 16 = 19$

Das Herstellen der Karten erfordert einen relativ hohen Zeitaufwand. Je nach Anzahl der
Karten 2-4 Stunden. Dieser Arbeitsaufwand ist
aber lohnend, da diese Karten auch bei anderen
Methoden vielseitige Verwendung finden.

Durchführung: Die Karten werden verdeckt in sechs
Reihen mit je 5 Karten auf den Tisch gelegt.
Die Schüler nehmen nacheinander jeweils 2 Kar-

ten auf, zeigen sie auch den Mitspielern und
legen sie wieder an ihren Platz zurück. Nun
nimmt der nächste Schüler 2 Karten auf usw.
Dabei müssen sich die Schüler merken, wo welche Karten liegen. Es gehören immer eine Aufgabenkarte (7 + 6) und eine Ergebniskarte (13)
zusammen; sie bilden ein Paar. Schüler, die
ein Paar aufdecken, dürfen die Karten vor sich
hinlegen, sie kommen nicht mehr ins Spiel zurück. Wer am Schluß die meisten Karten hat, ist
Sieger.

Variation:

1. Variation

Ziel: Zuordnen von Druck- und Schreibbuchstaben

Fächer: Deutsch

Klassenstufe: Ab 1

Vorbereitung: Jeder Gruppentisch erhält dasselbe Kar-
tenmaterial. Ein Paar besteht aus zwei gleichen
Buchstaben, wobei ein Buchstabe in Schreibschrift
und einer in Druckschrift abgebildet ist.
(Oder: ein kleiner und ein großer Buchstabe)

Durchführung: S. Memory

2. Variation

Ziel: Einüben von Vokabeln

Fächer: Englisch, Französisch

Klassenstufe: Ab 5

Vorbereitung: Die Karten werden mit einem deutschen
Wort und einer entsprechenden englischen oder
französischen Vokabel beschriftet.

Durchführung: S. Memory

Fächerüber-
greifend

3. Variation:

Ziel: Zuordnen von Wort und Bild

Fächer: Deutsch

Klassenstufe: Ab 1

Vorbereitung: Man stellt Paare her, die aus einem Bild, das man aus einem Katalog ausschneidet und auf die Karte klebt, und der entsprechenden Wortkarte bestehen.

Durchführung: S. Memory

Stichwort: FIGURENSTELLEN

Ziel: Wahrnehmen des Mitschülers;
Auflockerung der Stunde;
Kennenlernen von Körpersprache.

Fächer: Fächerübergreifend

Klassenstufe: Ab 3

Voraussetzung: Keine

Sozialform: Beliebig

Zeit: Beliebig

Material: Kein

Vorbereitung: Keine

Durchführung: Eine Gruppe von 8-12 Schülern
geht vor die Tür. Der erste Schüler kommt
herein und wird von einem anderen Schüler
in einer bestimmten Form "hingestellt".
Der zweite kommt herein, sieht sich die
"Figur" 10 sec. lang an (Schüler stoppt
die Zeit) und versucht nun sich in der
gleichen Art und Weise hinzustellen. So
wird das nun bis zum letzten Schüler
fortgesetzt. Zum Schluß stellt sich der
erste Schüler neben den letzten, um die
Ausgangsfigur zu kontrollieren.

Variation:
1. Tiere nachstellen
2. Berufstypische Haltungen
3. Aggressive Haltung
4. Mit Hilfsmitteln
(Stuhl, Tisch, Stock ...)

Fächerüber-
greifend

Stichwort: SORTIEREN

Ziel: Schüler sollen alle miteinander kommunizieren;
Abstraktionsvermögen soll geschult werden.

Fächer: Fächerübergreifend

Klassenstufe: Ab 1

Voraussetzung: Keine

Sozialform: Gruppenarbeit

Zeit: 5 - 10 Minuten

Material: Handliche Gegenstände

Vorbereitung: Lehrer sammelt Gegenstände in jeweils
mehrfacher Ausführung.

Durchführung: Jede Gruppe bekommt das gleiche
Material und sortiert es nach vorher fest-
gelegten Kriterien (z.B. nach Farbe, Form,
Beschaffenheit etc.).

Variation: Es können auch Bilder, auf denen bestimmte Gegenstände (oder auch Lebewesen
z.B. für den Biologieunterricht) abgebildet
sind, sortiert werden. Ältere Schüler können
dann auch bestimmte Begriffe zu Kategorien
zusammenfassen.

Stichwort: RALLYE

Ziel: Spielerisch Wissen wiederholen

Fächer: Geographie, Biologie, Physik

Klassenstufe: Ab 4

Voraussetzung: Keine

Sozialform: Gruppenarbeit

Zeit: 30 - 45 Minuten

Material: 5 Stühle, 5 Fragebogenarten

Vorbereitung: Fragebögen ausarbeiten, vervielfältigen,
auf 5 Posten verteilen; aus Schülern Teams
bilden.

Durchführung: Jeweils 4 Teams werden zur gleichen Zeit
gestartet (holen sich den Fragebogen von dem ersten Posten); eine Minute später die nächsten
vier usw. Pro Fragebogen sind zwei oder mehrere
Fragen schriftlich zu beantworten. Ein Mitglied
des Teams geht dann zum Lehrer (Streckenposten),
um die gemeinsam erarbeitete Antwort kontrollieren zu lassen. Befinden sich mehrere Teamvertre-
ter zur Kontrolle am Lehrerpult, so wird zuerst
derjenige abgefertigt, der als erster dort er-
schienen ist. Streitfälle regelt der Lehrer.
Ist die Antwort richtig, darf der Schüler bei
dem nächsten Posten einen neuen Fragebogen holen.
Ist die Antwort falsch, so muß der Schüler zu
seinem Team zurückgehen und eine neue Antwort erarbeiten. Das Team kann aber auch, um auf der
"Rennstrecke" weiterzukommen, sich für eine falsche Antwort einen Minuspunkt anrechnen lassen
(Strafzeit) und zu dem nächsten Posten und dessen Fragebogen übergehen.

Fächerüber-
greifend

Stichwort: WORTFELD

Ziel: Zu bestimmten Oberbegriffen möglichst viele
Unterbegriffe nennen können; Gelerntes festigen.

Fächer: Deutsch, Fremdsprachen, Geschichte,
Erdkunde.

Klassenstufe: Ab 4

Voraussetzung: Keine

Sozialform: Aufteilung der Klasse in zwei Parteien

Zeit: Beliebig

Material: Ball, Stoppuhr

Vorbereitung: Keine

Durchführung: Ein Schüler wirft den Ball einem Schüler
aus der Gegnerpartei zu und nennt dabei einen
Oberbegriff (z.B. Gebäude). Der angespielte Schüler muß den Ball fangen und in einer vorher festgesetzten Zeit (ca. 30 sec.) möglichst viele Unterbegriffe nennen (Hochhaus, Krankenhaus, Ge-
schäftshaus, Turnhalle usw.). Ist die Zeit abgelaufen und die Aufgabe ausgeführt, ist der vorher
angespielte Schüler Werfer. Er wirft den Ball einem seiner Gegner zu und nennt dabei einen neuen
Oberbegriff. Fallen einem Schüler keine Unter-
griffe ein, muß er den Ball möglichst schnell an
einen Schüler seiner Partei weitergeben. Jeder
Schüler darf bei diesem Spiel nur einmal Unter-
griffe nennen. Gewonnen hat die Partei, die insgesamt die meisten Unterbegriffe gefunden hat.

Variation: Fallen einem Schüler keine Unterbegriffe
ein, so muß er den Ball an den Werfer zurückwerfen und dieser darf nun Unterbegriffe zu
seinem Oberbegriff nennen. Auf diese Weise
kann er seiner Gruppe zusätzliche Punkte ein-
bringen.

Fächerüber-
greifend

Stichwort: QUIZ

Ziel: Wiederholung eines Themenkomplexes;
Festigung des Wissens.

Fächer: Naturwissenschaften

Klassenstufe: Ab 5

Voraussetzung: Keine

Sozialform: Beliebig

Zeit: ca. 20 Minuten

Material: Kein

Vorbereitung: Die Klasse wird in zwei Gruppen eingeteilt.

Durchführung: Es treten immer zwei Schüler, aus jeder
Gruppe einer, gegeneinander an. Der Quizmaster stellt ihnen eine Frage. Wer sie am
schnellsten und richtig beantworten kann, bekommt für seine Gruppe einen Punkt. Kann eine
Frage von beiden nicht beantwortet werden, so
erhalten sie eine neue Frage.

Variation: Als Quizmaster sollte nicht nur der Lehrer
fungieren, sondern auch ein Schüler bzw. ein
Schülerteam (2-3 Schüler). Ebenfalls könnte man
die Regel, daß jeweils nur das im Wettstreit
stehende Paar antworten darf, verändern.

Beispiel: So kann der Schüler die Frage an ein
Mitglied seiner Gruppe weitergeben,
um doch noch zu einem Punktgewinn zu
kommen.

Stichwort: PRAKTISCHE AUSFÜHRUNG EINES VORHER EINGE-
FÜHRTEN THEMAS/AM BEISPIEL: WAHL

Ziel: Wahlmechanismus erkennen, Bedürfnisse formulieren.

Fächer: Deutsch/Sachkunde

Klassenstufe: Ab 3

Voraussetzung: Verschiedene Wahlarten kennen

Sozialform: Kleingruppen (Parteien)

Zeit: Beliebig

Material: "Wahlkärtchen"/"Wahlurne"
(Karteikarten/Schuhkarton)

Vorbereitung: Wahlkärtchen schneiden und beschriften,
Wahlurne basteln

Durchführung: In der Klasse 3a z.B. werden Parteien
gegründet, die die Namen der bei uns bekannten
Parteien tragen können, aber auch eigene, von
den Kindern erfundene. Jede Partei stellt ein
Programm auf, das unter dem Thema "Veränderun-
gen an unserer Schule" steht und wählt eventuell auch einen Parteisprecher. Mit den verschiedenen Parteiprogrammen gehen alle Partei-
vertreter oder nur die gewählten Sprecher der
einzelnen Parteien (je nach der Entscheidung
innerhalb der einzelnen Parteien) in die Paral-
lel - oder in eine andere Klasse, stellen ihre
Programme vor und lassen sich wählen. Anschlie-
pend findet mit beiden Klassen eine Analyse
statt: warum hat ausgerechnet diese Partei gewonnen? Wie werden Wähler geworben? usw.

Variation: Thema: Was möchte ich in unserem Staat bei-
behalten oder verändern?

Fächerüber-
greifend

Stichwort: BANDWURM - WIEDERHOLUNG

Ziel: Wiederholung von Unterrichtsstoffen

Fächer: Fächerübergreifend

Klassenstufe: Ab 3

Voraussetzung: Keine

Sozialform: Kreis

Zeit: Beliebig

Material: Papier und Bleistift

Vorbereitung: Gruppenbildung

Durchführung:

a) Der erste Schüler einer Gruppe sagt einen Satz zu dem Thema, das wiederholt werden soll.

b) Er beginnt einen zweiten Satz.

c) Der zweite Schüler beendet den zweiten Satz und beginnt einen dritten.

d) Der dritte Satz wird vom nächsten Schüler fortgesetzt usw.

e) Wenn ein Schüler den angefangenen Satz nicht beenden kann, schreibt er den Satzanfang auf einen Zettel und beginnt einen anderen, neuen Satz, der wiederum vom nächsten Schüler beendet werden muß.

f) Wenn alle Schüler an der Reihe gewesen sind, werden die Satzanfänge, die während des Spiels nicht vollendet werden konnten, von der gesamten Gruppe anhand von Büchern vervollständigt.

Variation: Die Gruppe erhält ein Wollknäuel, das
aus unterschiedlich langen Einzelfäden besteht.
Jeder Schüler wickelt einen Faden ab und
erzählt dabei etwas über das Thema, das
wiederholt werden soll.

Fächerüber-
greifend

Stichwort: LÜCKENTEXT

Ziel: Übung zur Groß- und Kleinschreibung, zum
richtigen Gebrauch der Zeiten, Fallsetzung,
der richtigen Singular- und Pluralendungen;
Wiederholungsübung

Fächer: Deutsch, sprachliche Fächer, Geschichte,
Chemie.

Klassenstufe: Ab 3

Voraussetzung: Keine

Sozialform: Einzel- oder Gruppenarbeit

Zeit: ca. 20 Minuten

Material: Zettel mit dem Lückentext

Vorbereitung: Ausarbeitung eines Lückentextes auf
das bestimmte Ziel hin gerichtet, Vervielfäl-
tigung des Textes.

Durchführung: An die Schüler wird der vorbereitete
Text verteilt. Die Aufgabe der Schüler besteht
darin, die Lücken des Textes auszufüllen.
Einige Beispiele für die verschiedenen Fächer:
Deutsch: Einsetzen von Verbformen,
Englisch/Französisch: Vokabel- und Grammatik-
übung,
Geschichte: Einsetzen von Jahreszahlen und
Namen.

Variation: Als Erhöhung des Schwierigkeitsgrades kann
man innerhalb eines Lückentextes zwei verschiedene Übungsziele miteinander verbinden. Man kann
weiterhin kleinere Nebenaufgaben stellen, wie z.B.
farbiges Unterstreichen der gefundenen Lösungen.

Stichwort: KOFFERPACKEN

Ziel: Gedächtnis- und Alphabetübung

Fächer: Deutsch, Erdkunde

Klassenstufe: Ab 1

Voraussetzung: Kennen des Alphabets

Sozialform: Beliebig

Zeit: 15 - 20 Minuten

Material: Kein

Vorbereitung: Keine

Durchführung: Eine Gruppe von 6-8 Schülern stellt
sich für alle gut sichtbar auf. Ein Schüler
beginnt mit dem Spiel, indem er einen Namen
mit A nennt. Der nächste muß nun den erstge-
nannten Namen wiederholen und darf dann einen
Namen mit dem Anfangsbuchstaben B hinzufügen
usw. Wer die richtige Reihenfolge nicht ein-
halten kann, scheidet aus. Damit diese Übung
für die anderen nicht langweilig wird, sollte
einer Gruppe jeweils nur eine bestimmte Zeit
zur Verfügung stehen. Dann wird eine neue Gruppe gebildet und die Übung fängt beim letzten
Buchstaben des Alphabets an.

Variation: Diese Übung könnte man ebenfalls auf andere Fächer übertragen, z.B. Erdkunde. Hier
sollten dann Flüsse, Seen, Länder usw. alpha-
betisch aufgezählt werden.

**Fächerüber-
greifend**

Stichwort: INKOGNITO

Ziel: Die Schüler sollen sich gegenseitig (besser)
kennenlernen; Verfestigung der Rechtschreibung;
Mut zur Selbstdarstellung.

Fächer: Fächerübergreifend

Klassenstufe: Ab 4

Voraussetzung: Die Schüler müssen schreiben und lesen
können.

Sozialform: Keine

Zeit: "2-3 Tage"; 15 Minuten (eigentliches Spiel)

Material: Briefpapier, Umschlag, Briefmarke,
2 Zettel, Schreibzeug.

Vorbereitung: Keine

Durchführung: Es werden von jedem Schüler 2 Zettel
mit seiner Adresse beschrieben. Der eine Zettel
wird zusätzlich von jedem Schüler mit einem
geheimgehaltenen, persönlich ausgewählten Codewort oder Zeichen versehen.

Die Zettel mit dem Codewort werden von dem Lehrer eingesammelt. Die anderen Zettel werden verdeckt auf einen Haufen in die Mitte des Klassenraumes gelegt. Jeder Schüler darf sich nun einen
Zettel nehmen, wobei er nicht seine eigene, sondern die Adresse eines Mitschülers haben sollte,
die er für sich behält. Aufgabe eines jeden Schülers ist es nun, an diese Adresse einen Brief zu
schreiben, in dem er sich selbst vorstellt (Beschreibung der Person, Charaktereigenschaften,
Hobbies etc.). Der Brief darf nur mit dem Codewort bzw. Zeichen versehen sein, und auch der
Absender darf auf dem Umschlag nicht erwähnt
werden. Die Aufgabe des Empfängers ist dann,
anhand des erhaltenen Briefes den Adressaten
zu finden.

Fächerüber-
greifend

Stichwort: BLINDES FINDEN

Ziel: Beschreibung charakteristischer Merkmale.
Zuhören. Mit Hilfe des Tastsinns einen
Gegenstand erraten.

Fächer: Fächerübergreifend

Klassenstufe: Ab 1

Voraussetzung: Keine

Sozialform: Beliebig

Zeit: 10 Minuten

Material: Anonymer Gegenstand

Vorbereitung: Keine

Durchführung: Ein unbekannter Gegenstand wandert
unter dem Tisch von einem Schüler zum anderen. Nach kurzem Betasten des Gegenstandes
schreibt sich jeder Schüler besondere Merkmale auf einen Zettel. Alle Auffälligkeiten
werden der Reihe nach vorgelesen, und gemeinsam wird der unbekannte Gegenstand erraten.

Stichwort: WAS ICH SCHON WEISS

Ziel: Die Schüler sollen durch Berücksichtigung
ihrer eigenen Erfahrung und ihres eigenen
Wissens für einen neuen Unterrichtsstoff
motiviert werden.

Fächer: Sachunterricht, Biologie, Physik, Kunst,
Geographie.

Klassenstufe: Ab 2

Voraussetzung: Keine

Sozialform: Einzelarbeit, Partnerarbeit oder
Gruppenarbeit.

Zeit: ca. 30 Minuten

Material: Papier und Schreiber

Vorbereitung: Bekanntgabe eines neuen Themas.

Durchführung: Die Schüler sollen innerhalb von
5-10 Minuten alles aufschreiben, was ihnen
zu dem neuen Thema einfällt: Was sie schon
wissen, eigene Erfahrungen, Erlebnisse, etc.
Im gemeinsamen Gespräch wird das Aufgeschrie-
bene zusammengetragen und aufgearbeitet.

Variation: Die Schüler sollen Fragen und Wünsche
zu einem neuen Thema aufschreiben.

Fächerüber-
greifend

Stichwort: OBERBEGRIFFE

Ziel: Den Kindern soll bewußt gemacht werden,
daß manche Dinge Gemeinsamkeiten haben,
zusammengehören und deshalb einen Sam-
melnamen haben.
Weitere Ziele:
Entwicklung der Abstraktionsfähigkeit und
Wortschatzerweiterung.

Fächer: Deutsch, Biologie, Geographie

Klassenstufe: Ab 1

Voraussetzung: Keine

Sozialform: Keine

Zeit: ca. 5 Minuten

Material: Verschiedene Kärtchen mit Bezeichnungen
von Gegenständen, von denen jeweils vier
unter einen Oberbegriff fallen.
Beispiele:
Messer, Gabel, Suppenlöffel, Teelöffel =
Besteck;
Stuhl, Tisch, Schrank, Bett =
Möbel;
Apfel, Birne, Pflaume, Kirsche =
Obst.

Vorbereitung: Kärtchen vorbereiten

Durchführung: Jedes Kind zieht eine Karte. Die vier
Kinder mit den Kärtchen, die zu einem Oberbegriff gehören, müssen sich nun selbständig
finden. Die so entstandenen Gruppen werden anschließend nach ihrem Oberbegriff befragt.

<u>Variation:</u> Für das 1. Schuljahr können die Gegenstände aufgemalt werden. In dem Fach Biologie können z.B. vier Eigenschaften von einer Pflanze genannt werden.

Fächerübergreifend

Stichwort: MONTAGS-MALER

Ziel: Phantasie und Darstellungsvermögen sollen
gefördert werden. Der Schüler soll lernen,
Begriffe bzw. Gegenstände auf die charakte-
ristischen Merkmale zu reduzieren bzw. sie
an ihren spezifischen Merkmalen zu erkennen.

Fächer: Kunst, Deutsch

Klassenstufe: Ab 1

Voraussetzung: Keine

Sozialform: Gruppenarbeit

Zeit: 10 - 15 Minuten

Material: Tafel, Kreide

Vorbereitung: Der Lehrer muß Kärtchen mit den im
Bild darzustellenden Wörtern anfertigen. Die
Auswahl und Schwierigkeit der Worte sollte
sich an dem jeweiligen Unterrichtsthema und
dem Stand der Schüler orientieren.

Durchführung: Die Klasse (z.B. 24 Schüler) wird in
zwei Gruppen unterteilt. Eine Gruppe erhält
eine Wortkarte. Das Wort soll nun zeichnerisch
dargestellt werden, wobei jeder Schüler nur einen Strich machen darf. Die andere Gruppe soll
den Begriff anhand der Zeichnung erraten. Die
Gruppen wechseln sich beim Zeichnen und Raten
der Begriffe ab.

Stichwort: BALLWERFEN

Ziel: Wiederholung eines bekannten Sachgebietes.

Fächer: Deutsch, Geschichte, Erdkunde und Biologie.

Klassenstufe: Ab 3

Voraussetzung: Bekanntes Sachgebiet

Sozialform: Gruppenarbeit

Zeit: 15 Minuten

Material: Ein Tennisball und Stühle.

Vorbereitung: Keine

Durchführung: Die Schüler bilden in kleinen Gruppen
Stuhlkreise. Ein Schüler hockt sich in die Mitte und stellt eine Aufgabe aus dem bekannten
Sachgebiet. Er wirft dann einem Schüler aus dem
Stuhlkreis den Tennisball zu. Löst dieser Schüler
die Aufgabe, so muß der Schüler in der Mitte
nochmals eine andere Aufgabe stellen. Kann der
Schüler aus dem Stuhlkreis die Aufgabe nicht
lösen, so muß er sich in die Mitte hocken.

Fächerüber-
greifend

Stichwort: STUHLSCHIEBEN

Ziel: Festigung der Kenntnisse,
Übung zur Partnerarbeit

Fächer: Fächerübergreifend

Klassenstufe: Ab 1

Voraussetzung: Keine

Sozialform: Gruppen zu je 2 Schülern

Zeit: ca. 15 Minuten

Material: Kein

Vorbereitung: Keine

Durchführung: Die Schüler suchen sich selber einen
Partner und entscheiden auch, wer von beiden
der Sprecher ist. Der Sprecher setzt sich auf
einen Stuhl, sein Mitspieler stellt sich da-
hinter.
Die Stühle werden nebeneinander auf einer
"Startlinie" aufgestellt.
Der Lehrer stellt eine Aufgabe und bei richtiger
Beantwortung dürfen die Partner ca. einen Meter
vorrücken. Das Spiel ist bei Erreichen der Ziel-
linie beendet.

Stichwort: PERSÖNLICHKEITENRATEN

Ziel: Erkennen und Kennenlernen bekannter
Persönlichkeiten.

Fächer: Deutsch, Geschichte, Naturwissenschaften.

Klassenstufe: Ab 6

Voraussetzung: Keine

Sozialform: Einzelarbeit

Zeit: Beliebig

Material: Pinwand oder Din-A-4 Wellpappe, Stecknadeln,
Bilder bekannter Persönlichkeiten (z.B. Zei-
tungsausschnitte).

Vorbereitung: Die einzelnen Bilder werden ihrer Größe entsprechend in Teile zerschnitten.

<u>Durchführung</u>: Die Pinwand wird für jeden Schüler
    sichtbar aufgestellt. Der Lehrer heftet ein
    Bildfragment an die Pinwand, wobei die Schüler
    versuchen, die Persönlichkeit zu erkennen. Ge-
    lingt dieses nicht, werden nacheinander einzel-
    ne Ausschnitte hinzugefügt bis die Person bestimmt
    ist.

<u>Variation</u>: Der Lehrer gibt zusätzliche Informationen
    zur dargestellten Person (Lebenswerk etc.).

Stichwort: BEGRIFFE MALEN

Ziel: Üben der Fähigkeit, Begriffe zeichnerisch
darzustellen.

Fächer: Fächerübergreifend

Klassenstufe: Ab 1

Voraussetzung: Keine

Sozialform: Kleingruppe

Zeit: 10 - 15 Minuten

Material: Mehrere Blätter Papier und einen Stift
je Gruppe.

Vorbereitung: Der Lehrer erstellt eine Liste von
Begriffen.

Durchführung: Der Lehrer teilt die Klasse in Gruppen
von ca. 5 Schülern ein. Jede Gruppe steht um
einen Tisch herum, auf dem Blätter und ein Stift
liegen. Gleichzeitig erfährt je ein Abgesandter
aus jeder Gruppe vom Lehrer den gleichen Begriff.
Diese laufen dann zu ihren Gruppen und versuchen
nun, den Begriff zeichnerisch darzustellen, ohne
dabei ein Wort zu sagen. Derjenige aus jeder Gruppe, der den Begriff errät, läuft zum Lehrer und
holt sich den nächsten Begriff, bis alle Begriffe
erraten sind. Die Gruppe, die als erste fertig
ist, hat gewonnen.

Variation:

1. Die "Maler" brauchen nicht stumm zu sein,
sondern dürfen Fragen mit "Ja" oder "Nein"
beantworten.

2. Statt der Zeichnung kann eine pantomimische
Darstellung erfolgen.

Fächerüber-
greifend

Stichwort: MENSCH ÄRGERE DICH NICHT

Ziel: Wiederholen und Festigen des gelernten
   Stoffes.

Fächer: Fächerübergreifend

Klassenstufe: Ab 2

Voraussetzung: Keine

Sozialform: Gruppenarbeit

Zeit: ca. 45 Minuten

Material: Je Gruppe 1 Spielbrett aus Zeichenkarton
   (35 x 35 cm), Tusche, 2 Setzsteine pro Spieler,
   1 Würfel je Gruppe, 1 Frageliste je Gruppe.

Vorbereitung: Spielbretter herstellen;
   Frageliste herstellen

Die Frageliste enthält in diesem Fall 19
Fragen. Die richtigen Antworten werden
unter die Fragen geschrieben, und zwar
auf den Kopf.

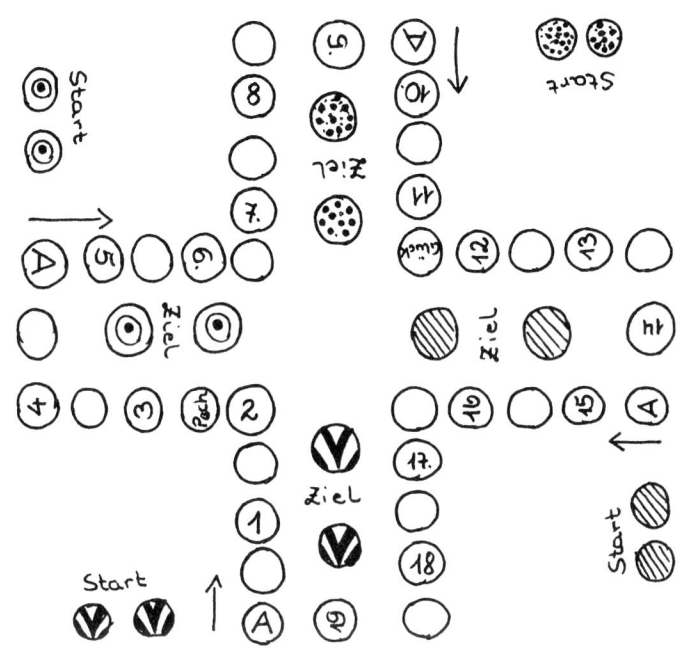

<u>Durchführung:</u> Frageliste verdeckt auf die Tische
legen. Jeder Spieler muß nun versuchen,
seine zwei Steine über die Fragehürden bis
an das Ziel zu führen. Fragehürde ist ein
Feld mit einer Zahl. Kommt ein Spieler auf
ein Fragefeld, so liest sein rechter Nachbar die Frage vor und kontrolliert die Antwort. Ist die Antwort richtig, so darf der
Betreffende seinen Stein zwei Felder vorrücken. Ist die Antwort falsch, muß der
Stein zwei Felder zurückgesetzt werden (Streitfälle entscheidet der Lehrer). Kommen die Schüler wiederholt auf das gleiche Fragefeld, so
schadet dies nicht, da eine wiederholte Antwort das bereits Gehörte verfestigt und besser
einprägt.

GRUPPENBILDUNGEN

<u>Stichwort:</u> PERSONENBESCHREIBUNG

<u>Ziel:</u> Gruppenbildung; die Schüler sollen lernen, sich zu artikulieren.

<u>Fächer:</u> Deutsch

<u>Klassenstufe:</u> Ab 1

<u>Voraussetzung:</u> Keine

<u>Sozialform:</u> Beliebig

<u>Zeit:</u> Mindestens 10 Minuten

<u>Material:</u> Kein

<u>Vorbereitung:</u> Keine

<u>Durchführung:</u> 4-6 Schüler plazieren sich gut sicht-
bar in der Mitte des Klassenraumes. Die übrigen
Schüler sollen nacheinander einen aus der Gruppe nach äußerlichen Merkmalen beschreiben.
Gefällt dem beschriebenen Schüler diese Beschreibung, zeigt er dies durch Kopfnicken
(ja) und nimmt den beschreibenden Schüler in
seiner Gruppe auf; ein Kopfschütteln bedeutet
ein Nein. Der abgelehnte Schüler muß die Runde
wiederholen bzw. einen anderen aus der Gruppe
wählen und ihn beschreiben. Das Spiel ist beendet, wenn alle Schüler eine Gruppe gefunden haben.

<u>Variation:</u> Die 4-6 Schüler der Gruppe halten die Augen
geschlossen und hören sich die Eigenbeschreibun-
gen der übrigen Schüler an. Nach der Beschreibung wird wieder mit Kopfnicken bzw. Kopfschütteln geantwortet und so Gruppen gebildet.

Gruppen-
bildung

Stichwort: GRUPPENAUFTEILUNG

Ziel: Gruppenaufteilung einer Klasse

Fächer: Fächerübergreifend

Klassenstufe: Ab 1

Voraussetzung: Keine

Sozialform: Klassenverband

Zeit: ca. 15 Minuten

Material: Kleine Papierkärtchen

Vorbereitung: Kärtchen beschriften

Durchführung: Es sollen sich z.B. 20 Schüler in
5 Gruppen a 4 Schüler aufteilen. Es werden
nun Kärtchen beschriftet, auf denen 5 verschiedene Oberbegriffe erkennbar sind. Als
ein Oberbegriff z.B. OBST!
So werden auf 4 Kärtchen z.B.
Pflaume, Apfelsine, Apfel, Kirsche geschrieben. Ebenso für die restlichen 4 Oberbegriffe.
Es stellen also jeweils 4 Kärtchen einen bestimmten Oberbegriff dar. Diese Karten werden
nun gemischt und in der Gruppe ausgeteilt.
Die Schüler müssen (dürfen) sich durch Erkennen der verschiedenen Oberbegriffe ihre entsprechenden Gruppenpartner suchen.

Variation: Die Karten können durch verschiedene
farbige Plättchen oder die Oberbegriffe durch
Zahlen ersetzt werden.

Stichwort: GRUPPENPUZZLE

Ziel: Gruppenbildung

Fächer: Fächerübergreifend

Klassenstufe: Ab 1

Voraussetzung: Keine

Sozialform: Klassenverband

Zeit: Beliebig

Material: Zeichenkarton oder Schreibpapier
(Tusche)

Vorbereitung: Kärtchen herstellen durch die
Schüler wie folgt:

1. | Ich | | gehe | | in | | den | | Wald |

oder

2. | wir fahren | | mit der Bahn | | in die Alpen | | um dort | | zu wandern |

oder

3.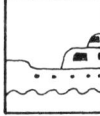

Durchführung: Es sind drei Möglichkeiten der
Kartenherstellung aufgeführt, die unterschiedlichen Schwierigkeitsgrad beinhal-
ten. Sind zwanzig Schüler in der Klasse,
werden z.B. vier verschiedene Sätze gebildet zu je fünf Worten wie unter 1.
Die Karten werden gemischt und umgedreht
auf den Tisch gelegt. Jeder Schüler nimmt
eine Karte.
Es müssen sich jetzt die Schüler zu einer
Gruppe zusammenfinden, deren Kärtchen einen Satz ergeben.
Wählt man Sätze, in denen die Wörter ich,
in, den usw. häufig vorkommen, lassen sich
Rückschlüsse auf die soziale Struktur der
Klasse schließen.

Stichwort: CHARAKTEREIGENSCHAFTEN NENNEN

Ziel: Gruppenbildung

Fächer: Fächerübergreifend

Klassenstufe: Ab 4

Voraussetzung: Keine

Sozialform: Beliebig

Zeit: Mindestens 10 Minuten

Material: Kein

Vorbereitung: Keine

Durchführung: 4-6 Schüler plazieren sich gut sichtbar in der Mitte des Klassenraumes und halten
die Augen geschlossen. Die anderen Schüler versuchen nacheinander, eine Charaktereigenschaft
(entweder positiv oder negativ) eines Schülers
aus der Gruppe zu nennen. Je nachdem, ob diese
Eigenschaft zutrifft, wird der Schüler in der
Gruppe des Kreisspielers aufgenommen (durch
Kopfnicken) oder abgelehnt (durch Kopfschütteln).
Im Falle einer Nein Antwort, muß der Schüler
die Runde wiederholen. Das Spiel ist beendet,
wenn alle Schüler in einer Gruppe untergekommen
sind.

Variation:

1. Es werden nur positive Eigenschaften genannt

2. Es werden nur negative Eigenschaften genannt

3. Die übrigen Schüler nennen ihre eigenen Charaktereigenschaften, und die 5-6 Schüler aus
der Gruppe haben zu entscheiden, ob sie diesen Eigenschaften zustimmen oder nicht.

Gruppen-
bildung

Stichwort: STUMMES SOZIOGRAMM

Ziel: Gruppenbildung

Fächer: Fächerübergreifend

Klassenstufe: Ab 2

Voraussetzung: Die Schüler sollen ihren Namen
schreiben und lesen können.

Sozialform: Beliebig

Zeit: Mindestens 10 Minuten

Material: Papier oder Kärtchen und Filzstifte

Vorbereitung: Keine

Durchführung: Alle Schüler schreiben ihren Namen
auf ein Kärtchen. Diese werden umgedreht auf
einen Tisch gelegt und gemischt. 3 Kärtchen
werden aufgedeckt. Die entsprechenden Schüler
dürfen die Kärtchen in drei Gruppen aufteilen.
Anschließend werden diese aufgedeckt. Nun besteht die Möglichkeit, daß jeder Schüler sein
Namenskärtchen einer (ihm lieberen) anderen
Gruppe zuordnet. Es darf dabei aber nicht ge-
redet werden.
Die Übung ist beendet, wenn alle mit der Grup-
peneinteilung zufrieden sind.

Stichwort: WÖRTERNICKEN

Ziel: Spontane Gruppenbildung

Fächer: Fächerübergreifend

Klassenstufe: Ab 1

Voraussetzung: Keine

Sozialform: Beliebig

Zeit: 7 - 10 Minuten

Material: Kein

Vorbereitung: Keine

Durchführung: Eine Gruppe von 4-6 Schülern plaziert
sich gut sichtbar in der Mitte des Klassenraumes. Jeder der sitzenden Schüler hält die
Augen geschlossen, bis die Übung beendet ist.
Die übrigen Schüler treten nacheinander an einen beliebigen Schüler aus diesem Kreis heran
und nennen ein Wort. Dieser antwortet - je
nachdem, ob ihm das Wort gefällt - mit einem
Kopfnicken (ja) oder mit Kopfschütteln (nein).
Bei einem Kopfnicken gehört der entsprechende
Schüler zu seiner Gruppe, wird ein Wort abgelehnt, muß der betreffende Schüler die Runde
wiederholen. Die Übung ist beendet, sobald
alle Schüler in Gruppen untergebracht sind.

Variation: Anstelle von einzelnen Wörtern sollen
ganze Sätze genannt werden.

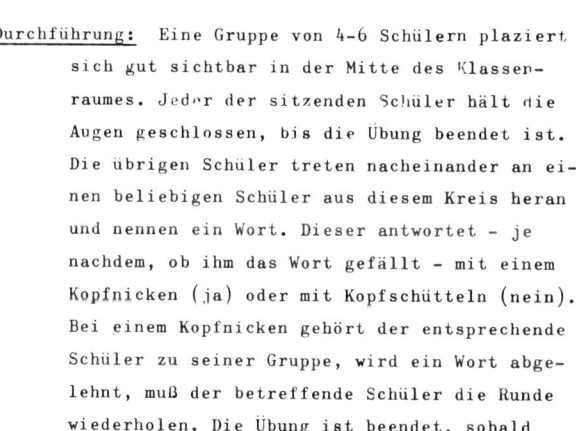

Gruppen-
bildung

Stichwort: NAMENSKÄRTCHEN

Ziel: Gruppenbildung

Fächer: Fächerübergreifend

Klassenstufe: Ab 2

Voraussetzung: Die Schüler müssen ihren Namen
schreiben und lesen können.

Sozialform: Beliebig

Zeit: Mindestens 10 Minuten

Material: Papier oder Kärtchen und Filzstifte

Vorbereitung: Keine

Durchführung: Alle Schüler schreiben ihren Namen
auf einen Zettel bzw. ein Kärtchen.
Sie legen diesen Zettel bzw. das Kärtchen
mit ihrem Namen umgedreht auf den Tisch.
Diese werden gemischt. Ein Schüler wird ge-
beten, diese in die gewünschte Anzahl von
Gruppen aufzuteilen (z.B. insgesamt 20 Kärtchen; also 4 Gruppen a 5 Kärtchen).
Nun deckt dieser Schüler jeweils das oberste
Kärtchen von jeder Gruppe auf und nennt laut
die darauf stehenden Namen. Die entsprechenden
Schüler wiederum decken nun sämtliche Kärt-
schen ihrer Gruppe auf, nennen die darauf stehenden Namen der übrigen Schüler und bilden
mit ihnen die Gruppen.

Variation: Alle Schüler teilen die Zettel in die gewünschte Anzahl Gruppen auf, ohne dabei zu
reden.

Stichwort: HÄNDE SCHÜTTELN

Ziel: Spontane Gruppenbildung

Fächer: Fächerübergreifend

Klassenstufe: Ab 1

Voraussetzung: Keine

Sozialform: Beliebig

Zeit: 7 - 10 Minuten

Material: Kein

Vorbereitung: Keine

Durchführung: Eine Gruppe von 4-6 Schülern plaziert
sich gut sichtbar in der Mitte des Klassenraumes (z.B. auf dem Stuhl sitzend) mit dem Gesicht zu den übrigen Schülern. Die rechte Hand
ist dabei vorgestreckt, die Augen sind geschlossen. Nun sollen die übrigen Schüler jeweils nacheinander einem beliebigen aus dieser Gruppe die
Hand schütteln, worauf dieser - dem Händedruck
entsprechend - mit einem Kopfnicken (ja) oder
Kopfschütteln (nein) antwortet. Im Falle einer
Ja-Antwort darf sich der betreffende Schüler
hinter ihn setzen und gehört somit zu seiner
Gruppe. Wird ein Schüler abgelehnt, muß er die
Runde wiederholen. Das Spiel ist beendet, wenn
alle Schüler in einer Gruppe untergebracht sind.

Gruppen-
bildung

Stichwort: BERÜHREN

Ziel: Spontane Gruppenbildung

Fächer: Fächerübergreifend

Klassenstufe: Ab 1

Voraussetzung: Keine

Sozialform: Beliebig

Zeit: 7 - 10 Minuten

Vorbereitung: Keine

Durchführung: Eine Gruppe von 4-6 Schülern plaziert
  sich gut sichtbar in der Mitte des Klassenraumes mit dem Gesicht zueinander. Dabei halten
  sie die Augen geschlossen. Nun sollen die übrigen Schüler nacheinander jeweils einen beliebigen aus dieser Gruppe berühren (z.B. Nase
  zupfen, Haare streicheln, auf die Schulter
  klopfen), worauf dieser mit einem Kopfnicken
  (ja) oder Kopfschütteln (nein) antwortet. Im
  Falle einer Ja-Antwort darf sich der berührende
  Schüler hinter ihn setzen und gehört somit zu
  seiner Gruppe. Wird ein Schüler abgelehnt, muß
  er die Runde wiederholen. Die Übung ist beendet,
  wenn alle Schüler untergebracht sind.

Variation: Erlaubt wird nur sanftes Berühren; so
  sollen die Schüler lernen, ihre Klassenkame-
  raden vorsichtig zu behandeln und ihre Grob-
  heit abzulegen.

Gruppen-
bildung

Stichwort: NAMENSÄHNLICHKEITEN

Ziel: Spontane Gruppenbildungen; Lautübungen

Fächer: Fächerübergreifend

Klassenstufe: Ab 2

Voraussetzung: Die Schüler sollen die einzelnen
Buchstaben und Laute kennen, ihre Namen
schreiben und lesen können.

Sozialform: Beliebig

Zeit: 7 - 10 Minuten

Material: Kärtchen, Schreibzeug, Sicherheitsnadeln

Vorbereitung: Keine

Durchführung: Die Schüler schreiben ihren Namen
auf ein Kärtchen.
Jeder Schüler heftet sein Kärtchen auf seinen Pullover bzw. Hemd. Aufgabe ist es nun,
daß die Schüler Mitschüler (2-4, je nach
Wunsch) finden, die einen gleichen Buchstaben in ihrem Namen haben (Beispiel: Hans,
Else, Klaus, Susanne).

Stichwort: BUNTE NAMENSKÄRTCHEN

Ziel: Spontane Gruppenbildung

Fächer: Fächerübergreifend

Klassenstufe: Ab 2

Voraussetzung: Die Schüler müssen ihren Namen
schreiben und lesen können.

Sozialform: Beliebig

Zeit: ca. 7 Minuten

Material: Papier oder Kärtchen und Filzstifte
in 4 verschiedenen Farben

Vorbereitung: Keine

Durchführung: Alle Schüler schreiben ihren Namen
auf ein Kärtchen, wobei insgesamt 4 verschiedene Farben benutzt werden können bzw.
sollten.
Die Kärtchen werden umgedreht auf einen
Tisch gelegt. Dann dürfen sie aufgedeckt
werden, und die Schüler suchen sich ihre
Gruppen entsprechend den Farben auf ihren
Namenskärtchen (z.B.: alle Schüler, die
ihre Namen in roter Schrift geschrieben
haben, gehören zu einer Gruppe,...).

Variation: Anstelle der verschiedenen Farben
können verschiedene Schrifttypen benutzt
werden (dann erst ab 4. Schuljahr).

Gruppen-
bildung

Stichwort: SCHUHE SUCHEN

Ziel: Gruppenbildung

Fächer: Fächerübergreifend

Klassenstufe: Ab 1

Voraussetzung: Keine

Sozialform: Beliebig

Zeit: ca. 10 Minuten

Material: Kein

Vorbereitung: Keine

Durchführung: Jeder Teilnehmer zieht sich einen Schuh aus und legt ihn in die Mitte. Werden nun z.B. drei Gruppen gebildet, so werden drei Teilnehmer in die Mitte geholt (oder gewählt), die eine entsprechende Anzahl Schuhe aussuchen, wie ihre Gruppenstärke sein soll. Die auf diese Weise zustandegekommenen Gruppen setzen sich dann zusammen.

Variation: Man kann auch andere Gegenstände nehmen: z.B. Handschuhe, Füllfederhalter etc.

Stichwort: TIERGERÄUSCHE

Ziel: Gruppenbildung

Fächer: Fächerübergreifend

Klassenstufe: Ab 1

Voraussetzung: Lesen können

Sozialform: Beliebig

Zeit: 3 - 5 Minuten

Material: Karten nach Schülerzahl

Vorbereitung: Karten mit Tiernamen versehen;
je nach gewünschter Gruppengröße gleiche
Zeichen.

Gruppen-
bildung

Durchführung: Mit Tiernamen beschriftete Karten
werden wahllos auf dem Tisch ausgelegt.
Die Schüler greifen sich jeder eine Karte
und ahmen die Laute des Tieres nach, das
auf ihrer Karte steht. Sie suchen damit nach
Gruppenpartnern, die gleiche Laute von sich
geben.

Variation:

1. Statt der Tiernamen können auch Symbole
    auf die Karten gemalt werden.
2. Statt der Geräusche können typische Be-
    wegungen der Tiere nachgeahmt werden.

Stichwort: BABYBILDER

Ziel: Gruppenbildung

Fächer: Fächerübergreifend

Klassenstufe: Ab 4

Voraussetzung: Jeder Schüler muß von sich ein
Baby-Bild besitzen.

Sozialform: Gruppen

Zeit: 10 - 15 Minuten

Material: Baby-Bild eines jeden Schülers

Vorbereitung: Einsammeln der Bilder und mischen

Durchführung: Je nach dem, wieviel Gruppen gebildet
werden sollen, kommen einzelne Schüler zu dem
Bilderhaufen und dürfen sich dann je nach Anzahl der Gruppenmitglieder Bilder aussuchen.
Danach zeigen sie der Reihe nach die Bilder in
der Klasse herum und derjenige, den das Bild
zeigt, muß in die Gruppe desjenigen, der sich
dieses Bild ausgesucht hat.

Gruppen-
bildung

<u>Variation:</u> Im Austausch für die Bilder kann jeder
Schüler einen seiner liebsten Gegenstände
mitbringen. Er darf ihn vorher nicht zeigen.
Das Auswahlverfahren läuft ansonsten ab wie
bei den Baby-Bildern.

Stichwort: JAHRESZEITEN

Ziel: Schüler sollen in Gruppen die Merkmale
der Jahreszeiten erarbeiten und mündlich vortragen.

Fächer: Sachkunde, Deutsch

Klassenstufe: Ab 1

Voraussetzung: Keine

Sozialform: Gruppen

Zeit: 10 - 15 Minuten

Material: Kein

Vorbereitung: Keine

Durchführung: Lehrer bereitet Zettel mit der Be-
schriftung "Sommer" (1. Gruppe) "Herbst"
(2. Gruppe) "Winter" (3. Gruppe) und "Frühling" (4. Gruppe) vor.
Schüler ziehen wahllos die verdeckt liegen-
den Karten; dadurch wird Gruppenbildung erreicht. Sie sollen nun die typischen Merkmale der betreffenden Jahreszeit herausfinden, aufschreiben und anschließend nach
Beendigung der Gruppenarbeit mündlich vortragen.

Variation: Feiertage, Festtage

Gruppen-
bildung

Stichwort: WAS IST ES

Ziel: Unterrichtsgegenstand erraten und
Gruppenbildung.

Fächer: Biologie, Sachkunde, Werken, Musik

Klassenstufe: Ab 2

Voraussetzung: Keine

Sozialform: Gruppen werden gebildet

Zeit: 10 - 15 Minuten

Material: Pro Schüler eine Karteikarte; für je ge-
plante Gruppe einen Unterrichtsgegenstand.

Vorbereitung: Beschriften der Karteikarten

Durchführung: Die Karteikarten sind mit Eigenschaften
des/der Unterrichtsgegenstandes/Unterrichtsge-
genstände beschriftet. Sie werden mit der be-
schrifteten Seite nach unten auf einen Tisch
gelegt. Die Schüler nehmen sich jetzt jeweils
eine Karte. Sie müssen nun herausfinden, welche
anderen Eigenschaften zu ihrer Karte passen.
Die dadurch gefundene Gruppe errät an der Summe der verschiedenen Eigenschaften den Unterrichtsgegenstand. Die so gefundene Gruppe kann
dann den von ihr gefundenen Unterrichtsgegenstand bearbeiten.

Variation: Auf den Karteikarten befinden sich keine
Eigenschaften, sondern die Namen von Gegenständen, die alle zumindest eine Eigenschaft
gemeinsam haben. Zu erraten ist dann die gemeinsame Eigenschaft.

Stichwort: BILDERSEQUENZEN

Ziel: Gruppenbildung

Fächer: Fächerübergreifend

Klassenstufe: Ab 1

Voraussetzung: Keine

Sozialform: Keine

Zeit: 3 Minuten

Material: So viel Karteikarten, wie Schüler in
der Klasse sind.

Vorbereitung: Auf z.B. vier Karteikarten werden
Bilder gezeichnet, die eine Sequenz ergeben. Die erste Karte enthält einen Blumentopf, die zweite Blumentopf mit Pflan-
zenstiel, die dritte Blumentopf mit Pflan-
zenstiel und Blättern, die vierte Blumentopf mit blühender Pflanze.
Man wählt so viel Sequenzen, wie Gruppen
gewünscht werden.

Gruppen-
bildung

Durchführung: Die Karten werden gemischt; jeder
Schüler zieht eine Karte. Die Schüler, die
Karten aus der gleichen Sequenz gezogen ha-
ben, gehören zu einer Gruppe.

Variation: Statt chronologischer Reihenfolge der
Bilder, können unterschiedlich viele, aber
gleiche Gegenstände auf den Karten zu sehen sein.

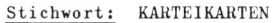

Stichwort: KARTEIKARTEN

Ziel: Gruppenbildung

Fächer: Fächerübergreifend

Klassenstufe: Ab 1

Voraussetzung: Keine

Sozialform: Klassenverband

Zeit: ca. 3 Minuten

Material: Karteikarten in verschiedenen Farben
(so viele Farben, wie Gruppen entstehen
sollen).

Vorbereitung: So viele Karteikarten abzählen,
wie Schüler in der Klasse sind.
So viele Farben auswählen, wie Gruppen
gebildet werden sollen.

Durchführung: Die Karteikarten werden gemischt
(Farben durcheinander) auf einem Tisch
- etwa in der Mitte des Raumes - ausgebreitet. Jeder Schüler nimmt sich eine Karte.
Alle Schüler, deren Karteikarten die gleiche Farbe haben, bilden eine Gruppe.

Variation: Karten in unterschiedlichen Größen
anbieten.
Karten in unterschiedlichen Formen
(Dreiecke, Quadrate, Rechtecke, Kreis etc.)
anbieten.

Gruppen-
bildung

Stichwort: PUSTEN

Ziel: Spontane Gruppenbildung

Fächer: Fächerübergreifend

Klassenstufe: Ab 1

Voraussetzung: Keine

Sozialform: Beliebig

Zeit: 7 - 10 Minuten

Material: Kein

Vorbereitung: Keine

Durchführung: Eine Gruppe von 4-6 Schülern plaziert
sich gut sichtbar in der Mitte der Klasse mit
dem Gesicht zueinander. Dabei halten sie die
Augen geschlossen. Nun sollen die übrigen Schüler nacheinander jeweils einen beliebigen aus
dieser Gruppe anpusten, worauf dieser mit einem
Kopfnicken (ja) oder Kopfschütteln (nein) antwortet. Im Falle einer Ja-Antwort darf sich der
pustende Schüler hinter ihn setzen und gehört
somit zu seiner Gruppe. Wird ein pustender Schüler abgelehnt, muß er die Runde wiederholen.
Das Spiel ist beendet, wenn alle Schüler untergebracht sind.

Stichwort: P I E P

Ziel: Spontane Gruppenbildung

Fächer: Fächerübergreifend

Klassenstufe: Ab 1

Voraussetzung: Keine

Sozialform: Beliebig

Zeit: 7 - 10 Minuten

Material: Kein

Vorbereitung: Keine

Gruppen-
bildung

Durchführung: Eine Gruppe von 4-6 Schülern plaziert
sich gut sichtbar in der Mitte des Klassenraumes (z.B. im Kreis auf der Erde oder auf einem Stuhl sitzend), und zwar mit dem Gesicht
zueinander. Dabei halten sie die Augen geschlossen. Nun sollen die übrigen Schüler nacheinander jeweils einen beliebigen aus dieser
Gruppe auswählen und ihm das Wörtchen "piep"
in beliebiger Stärke und Tonlage ins Ohr sprechen. Dieser darf nun durch Kopfschütteln (nein)
oder Kopfnicken (ja) bestimmen, ob er den "piep"
sagenden Schüler in seiner Gruppe aufnimmt. Wird
ein Schüler abgelehnt, so muß er die Runde wiederholen. Die Übung ist beendet, wenn alle Schüler in einer Gruppe untergebracht sind.

Variation:

1. Die ausgewählten Schüler sitzen nicht in
einem Kreis in der Mitte des Raumes, sondern
jeweils in den vier Ecken.

2. Durch vorherige Absprache, wie oft genickt
werden darf, können gleichstarke Gruppen
gebildet werden.

Stich<u>wort</u>: GERÄUSCHEMACHEN

<u>Ziel:</u> Spontane Gruppenbildung

<u>Fächer:</u> Fächerübergreifend

<u>Klassenstufe:</u> Ab 1

<u>Voraussetzung:</u> Keine

<u>Sozialform:</u> Beliebig

<u>Zeit:</u> 7 - 10 Minuten

<u>Material:</u> Kein

<u>Vorbereitung:</u> Keine

<u>Durchführung:</u> 4 - 6 Schüler setzen sich in der
Mitte des Klassenraumes mit dem Gesicht
zueinander. Dabei halten sie die Augen geschlossen. Nun sollen die übrigen Schüler
nacheinander jeweils an einen beliebigen
aus dieser Gruppe herantreten und ein Geräusch machen (z.B. rascheln, knurren,
pfeifen...), worauf dieser mit einem Kopfnicken (ja, wenn ihm das Geräusch gefällt)
oder Kopfschütteln (nein, wenn ihm das Geräusch nicht gefällt) antworten. Im Falle
einer Ja-Antwort darf sich der Geräusch
machende Schüler hinter ihn setzen und gehört somit zu seiner Gruppe. Wird ein Schüler abgelehnt, muß er die Runde wiederholen.
Das Spiel ist beendet, wenn alle Schüler
untergebracht sind.

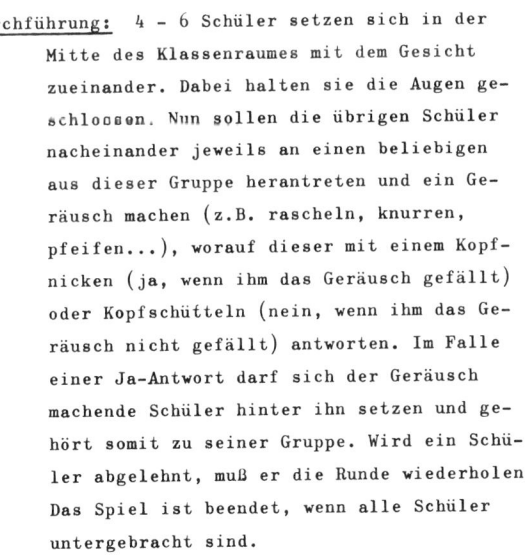

Gruppen-
bildung

Stichwort: SPRICHWÖRTER

Ziel: Gruppenbildung

Fächer: Fächerübergreifend

Klassenstufe: Ab 4

Voraussetzung: Keine

Sozialform: Klassenverband

Zeit: ca. 5 Minuten

Material: Karteikarten o.ä.

Vorbereitung: Sprichwörter auf die Karten schreiben.

Durchführung: Sollen z.B. vier Gruppen gebildet werden, stehen vier Arten Sprichwörter auf den
Karten, die z.B. etwas über Geld, Liebe, Sonne, Mensch enthalten. Die Karten werden gemischt. Jeder Schüler zieht eine Karte.
Alle Schüler, deren Sprichwörter etwas mit
Geld zu tun haben, bilden eine Gruppe usw.
Es ist wichtig, daß die Schüler miteinander
sprechen und durcheinanderlaufen dürfen.

Variation: Sprichwörter über Mond, Tiere etc. In diesem Fall fachspezifisch für Deutsch. Es ist aber
ebenso anwendbar für das Fach Geschichte, indem
man Sprichwörter über ein Geschichtsthema auf
die Karten schreibt.

Beispiele für Sprichwörter:

Sonne

1. Die Sonne bringt es an den Tag
2. Und die Sonne Homers, siehe! sie lächelt auch uns

3. Ich fange an, der Sonne müd' zu sein

4. Im Angesicht der Sonne erbleicht jeder Stern

Liebe

1. Liebe besteht nicht darin, in den anderen hinein-
   zustarren, sondern darin, gemeinsam nach vorn zu
   blicken

2. Wer sich mit Liebe wappnet, überwindet Zorn,
   Elend, Übermacht und Mißgeschick.

3. Liebe vertreibt die Zeit, und die Zeit vertreibt
   die Liebe

4. Es ist kein Weg zu weit, wenn die Liebe treibt

Mensch

1. Der Mensch denkt, Gott lenkt

2. ...hier bin ich Mensch, hier darf ich's sein

3. Es wächst der Mensch mit seinen größeren Zwecken

4. Ein edler Mensch zieht edle Menschen an und weiß
   sie festzuhalten

Geld

1. Gesundheit ohne Geld ist ein halbes Fieber

2. Das Geld beherrscht als König die ganze Welt

3. Verfüge nie über Geld, ehe Du es hast

4. Viel Geld, große Sünde; aber wenig Geld noch
   größere

Gruppen-
bildung

Stichwort: WÜRFELN

Ziel: Gruppenbildung

Fächer: Mathematik

Klassenstufe: Ab 3

Voraussetzung: Grundkenntnisse im Rechnen

Sozialform: Keine

Zeit: ca. 5 Minuten

Material: Pro Schüler ein Würfel

Vorbereitung: Keine

Durchführung: Jeder Schüler würfelt dreimal. Die
Augenzahlen eines jeden Schülers werden von
ihm addiert.
Jeweils die Schüler mit   1 - 5
6 - 10
11 - 15
16 - 18 Punkten
bilden eine Gruppe.

Variation:

1. Statt Addition kann auch Multiplikation
angewendet werden. Die Gruppen müssen
dann auf die Augenzahlen zwischen 1
(1·1·1) und 216 (6·6·6) verteilt werden.

2. Es werden mehr als drei Würfe gewürfelt.

Stichwort: CODEWORT

Ziel: Gruppenbildung und Lernerfolgskontrolle

Fächer: Fächerübergreifend

Klassenstufe: Ab 3

Voraussetzung: Keine

Sozialform: Einzel- oder Partnerarbeit

Zeit: 5 - 10 Minuten

Material: Arbeitsbogen

Vorbereitung: Erstellen der Arbeitsbögen

Durchführung: Es werden an die Schüler Arbeitsbögen in verschiedenen Ausführungen verteilt, auf denen nach bestimmten Begriffen,
Vokabeln usw. gefragt wird (ähnlich der
Fragestellung beim Kreuzworträtsel).
Die Anfangsbuchstaben der gefundenen Wörter ergeben ein Codewort. Alle Schüler mit
gleichem Codewort bilden eine Gruppe.

Stichwort: KLAMOTTENSUCHE

Ziel: Spontane Gruppenbildung

Fächer: Fächerübergreifend

Klassenstufe: Ab 1

Voraussetzung: Keine

Sozialform: Gruppen

Zeit: 5 Minuten

Material: Kein

Vorbereitung: Keine

Durchführung: Jeder Schüler sucht sich einen Partner,
der farblich ein ähnliches Kleidungsstück trägt
wie er selbst.
Die beiden Partner suchen sich jetzt einen dritten Partner nach dem selben Kriterium, bis die
gewünschte Gruppenstärke erreicht ist.

Variation: Auswahl nicht nach der Farbe, sondern nach
der Art der Kleidungsstücke: Hemd, Pullover usw.

Stichwort: BUCHSTABEN-GRUPPEN

Ziel: Spontane Gruppenbildung

Fächer: Fächerübergreifend

Klassenstufe: Ab 2

Voraussetzung: Lesen und schreiben können

Sozialform: Gruppen

Zeit: 5 Minuten

Material: Kärtchen und Nadel bzw. Klebeband

Vorbereitung: Jeder bereitet zu Hause eine Karte mit
    seinem Namen vor.

Durchführung: Jeder Teilnehmer steckt oder klebt
    sich sein Namenskärtchen für die anderen
    sichtbar an. Nun sucht jeder Schüler sich
    einen Partner, in dessen Namen mindestens
    ein Buchstabe von seinem eigenen Namen vor-
    kommt. Die beiden suchen sich jetzt einen
    weiteren Partner mit ihrem gemeinsamen Buch-
    staben usw., bis die vom Lehrer geforderte
    Gruppenstärke erreicht ist.

Gruppen-
bildung

Stichwort: PUZZLE

Ziel: Gruppenaktivität

Fächer: Fächerübergreifend

Klassenstufe: Ab 1

Voraussetzung: Keine

Sozialform: Gruppen

Zeit: ca. 5 Minuten

Material: Pro Schüler 1 Puzzle

Vorbereitung: Jeweils eine Seite einer Zeit-
schrift wird zu einem Puzzle zerschnitten und in einen Umschlag gesteckt.
Eine bestimmte Anzahl der Umschläge soll
an eine Gruppe verteilt werden. Innerhalb
jeder Gruppe wird/werden ein (oder mehrere) Puzzleteil(e) in den Umschlägen ver-
tauscht.

Durchführung: Jedes Gruppenmitglied bekommt einen Umschlag und legt das Puzzle. Es muß die
fehlenden Teile gegen die nicht zu verwen-
denden Teile bei den Partnern eintauschen.

Gruppen-
aktivitäten

Stichwort: PHANTASTISCHE GESCHICHTEN

Ziel: Die Schüler sollen lernen, vor bzw. in einer
Gruppe zu sprechen.

Fächer: Deutsch

Klassenstufe: Ab 1

Voraussetzung: Keine

Sozialform: Gruppen von ca. 7-10 Schülern

Zeit: ca. 20 Minuten

Material: Jeder Schüler bringt einen Gegenstand mit.

Vorbereitung: Keine

Durchführung: Es werden Gruppen gebildet. Die Schüler
legen ihre Gegenstände jeweils in die Mitte der
Gruppe - für alle gut sichtbar. Jetzt denkt
sich jeder der Schüler mindestens 3 der Gegenstände und erfindet zu diesen eine kurze Geschichte von ca. 2 Minuten, die er den anderen
erzählt. Die Gegenstände müssen in der Geschichte genannt werden.

Variation:

1. Es müssen alle Gegenstände in der Geschichte vorkommen.

2. Die Gegenstände dürfen nicht genannt werden.

3. Es müssen alle Gegenstände in der Geschichte vorkommen, nur der eigene darf nicht genannt werden.

Stichwort: PRO UND CONTRA

Ziel: Diskussionsverhalten

Fächer: Fächerübergreifend

Klassenstufe: Ab 4

Voraussetzung: Keine

Sozialform: Gruppen

Zeit: Beliebig

Material: Kein

Vorbereitung: Keine

Durchführung: Es werden zwei gleichlange Stuhlreihen
gegenüber aufgestellt. Diese werden von den
Schülern besetzt. Die eine Seite vertritt die
Pro-Seite des Diskussionsthemas, die andere
Reihe bildet die Kontra-Gruppe. Vorne sitzt die
Diskussionsleitung, die nur in dringenden Fäl-
len einzugreifen hat. Welche Seite Pro bzw.
Kontra ist, wird vorher nicht angegeben, so
daß die Schüler nicht wählen können, für welche
Seite sie sich entscheiden.

Variation:

1. Die Schüler können frei wählen, welche Seite
   sie vertreten wollen und haben die Möglichkeit, während der Diskussion die Seite zu
   wechseln, wenn sie von der Gegenseite über-
   zeugt wurden.

2. Es werden nicht zwei, sondern drei Stuhlreihen aufgebaut, die dritte zusätzliche Reihe
   an der Stirnseite ist für "Unentschiedene",
   die noch keine feste Meinung haben.

Auch hier können die Seiten während der
Diskussion wie bei 1. gewechselt werden.

```
                                  X X X X
                                 X X X X X
     O         O            O             O
     O         O            O             O
     O         O            O             O
     O         O            O             O
     O         O            O             O
     O         O            O             O
     O         O            O             O
     O         O            O             O
            (X)                     (X)
```

3. Vor Beginn der Diskussion und nach Ende
   der Diskussion werden die Pro- und Kon-
   tra-Stimmen in einer Abstimmung festge-
   stellt. Finden Verschiebungen statt, kann
   man sich dies begründen lassen.

Stichwort: BILDGESCHICHTE - PUZZLE

Ziel: Gruppenaktivität

Fächer: Deutsch

Klassenstufe: Ab 3

Voraussetzung: Keine

Sozialform: Gruppen

Zeit: Beliebig

Material: Kein

Vorbereitung: Keine

Durchführung: In jede Gruppe wird eine unbekannte
Bildgeschichte gegeben, aus der ein Hand-
lungsablauf zu ersehen ist.
Jedes Kind schreibt eine Geschichte zu der
Bildgeschichte nieder. Im Anschluß daran
werden sie in der Gruppe vorgelesen und diskutiert. Die Kinder sollen die gelungenste
Geschichte ihrer Gruppe auswählen und dann
der ganzen Klasse vorstellen.

Variation: Jede Gruppe bekommt die gleiche Bildgeschichte. In jeder Gruppe soll eine Geschichte erdacht werden, die zu den Bildern
passend ist. Im Anschluß daran werden sie
in der Klasse vorgetragen.

Stichwort: MOSAIK

Ziel: Kommunikation innerhalb einer Gruppe lernen.

Fächer: Kunst

Klassenstufe: Ab 1

Voraussetzung: Keine

Sozialform: Gruppenarbeit

Zeit: ca. 45 Minuten

Material: Papier und Malmaterialien

Vorbereitung: Keine

Durchführung: Jede Gruppe bekommt ein Thema für
ein Bild. Die Gruppenmitglieder sollen in
einem Gespräch klären, was sie malen wollen, und wer was zu dem Bild beitragen soll.
Danach soll zusammen das Bild gemalt werden.

Variation: Diese Methode kann später auch in anderen Fächern angewendet werden, z.B. in
Deutsch zur gemoinsamen Erarbeitung eines
Referats oder eines Textes oder im Sachunterricht zur gemeinsamen Lösung eines Pro-
blems.

<u>Stichwort</u>: NASE

<u>Ziel</u>: Gruppenaktivität

<u>Fächer</u>: Deutsch, Biologie, Sachkunde

<u>Klassenstufe</u>: Ab 3

<u>Voraussetzung</u>: Keine

<u>Sozialform</u>: Gruppen

<u>Zeit</u>: Beliebig

<u>Material</u>: Gefäß mit Inhalt (Geruchsgegenstand)

<u>Vorbereitung</u>: Keine

<u>Durchführung</u>: Jeder Schüler verbindet sich die
Augen. Auf jeden Gruppentisch wird ein Gefäß gestellt, in dem ein typisch bekannter Geruch enthalten ist, z.B. frisches Gras,
Kaffee, Meeresalgen usw. Jedes Kind darf in
das Gefäß riechen. Haben alle Gruppenmitglieder den Geruch aufgenommen, sollen sie
einen Moment überlegen, mit welchem Erlebnis sie diesen in Verbindung bringen. An-
schießend werden die Augenbinden abgenom-
men, und die Kinder sollen ihre Gedanken
niederschreiben. Danach soll jedes Kind in
der Gruppe sein Erlebnis berichten.

<u>Variation</u>: Diese Übung könnte im Deutschunterricht
zur Übung von Aufsätzen oder für das freie
Sprechen dienen.
Im Biologieunterricht dient sie für das Stichwort "Nase" und weiterführend "Sinnesorgane".

Im Sachunterricht könnte das Stichwort
"Kaffee" benutzt werden, um Herkunft und
Nutzung des Produktes, seine Erzeugung
und daran evtl. soziale Verhältnisse im
Herkunftsland darzustellen.

Stichwort: MEIN PLOPP IST...

Ziel: Die Schüler sollen eine genaue Beschreibung
üben und das Gedächtnis trainieren.

Fächer: Fächerübergreifend

Klasse: Ab 3

Voraussetzung: Keine

Sozialform: Gruppen zu etwa 6 Schülern

Zeit: ca. 15 - 20 Minuten

Material: Jeder Schüler bringt einen originellen
Gegenstand mit.

Vorbereitung: Keine

Durchführung: Der erste Schüler beginnt, seinen
Gegenstand zu beschreiben - in höchstens
5 kurzen Sätzen. Dabei benutzt er statt
des richtigen Namens für den Gegenstand das
Wort Plopp.
Er sagt z.B.: "Mein Plopp ist etwa 10 cm
lang und gelb." Ist er fertig mit der Beschreibung, so folgt der nächste Schüler
mit seiner Beschreibung. Wenn alle Gruppenmitglieder ihren Plopp beschrieben haben, beginnt der erste Schüler wieder den Plopp
seines Nachbarn zu beschreiben, den er aber
nur aus dessen erster Beschreibung kennt.
Der zweite Schüler beschreibt ebenfalls den
Plopp seines Nachbarn usw. Zum Schluß darf
jeder eine Vermutung äußern, welchen Gegenstand wer mitgebracht hat.

Stichwort: KÖRPERFORMEN BILDEN

Ziel: Jedes Kind soll in der Gruppe gestaltend
mitwirken. Die Übung soll die Phantasie
der Kinder anregen.

Fächer: Fächerübergreifend

Klassenstufe: Ab 1

Voraussetzung: Keine

Sozialform: Arbeiten in der Gruppe (5-8 Schüler)

Zeit: ca. 10 - 15 Minuten

Material: Kein

Vorbereitung: Keine

Durchführung: Jede Gruppe bekommt die Aufgabe,
mit ihren eigenen Körpern Figuren und Ab-
bildungen auf dem Fußboden zu formieren,
z.B. aus der Geometrie Kreis, Rechteck,

Gruppen-
aktivitäten

Quadrat usw. Jeder Schüler der Gruppe muß
mit einbezogen werden. Anschließend "legt"
jede Gruppe ihre Formationen der übrigen
Klasse vor. Gemeinsame Besprechung; weitere
Schüleranregungen werden gesucht.

Variation: Die Gruppen denken sich selbst Figuren aus, die von den anderen Kindern gera-
ten werden müssen, z.B. Blumen, Tiere, Gegenstände.

Stichwort: GESCHICHTE ENTWICKELN

Ziel: Gemeinsam Geschichte konstruieren, mit deren Ergebnis sich alle identifizieren können: reden, zuhören. Phantasie soll angesprochen werden.

Fächer: Fächerübergreifend

Klassenstufe: Ab 3

Voraussetzung: Keine

Sozialform: Gruppen

Zeit: 10 - 15 Minuten

Material: Comics, Bildergeschichten

Vorbereitung: Eventuell Herstellung geeigneten Materials.

Durchführung: Jede Gruppe erhält eine Bildergeschichte, die in Worte gefaßt werden soll. Dabei soll die richtige Reihenfolge nicht vorgegeben sein. Die Bildergeschichten sollen möglichst viele Möglichkeiten, eine Geschichte zu entwickeln, zulassen.

Variation: Offenes Ende der Bildergeschichte. Die Schüler erarbeiten den Schluß; einzelne Schritte der Geschichte fehlen. Schüler rekonstruieren die fehlenden Sequenzen.

Stichwort: GEHEIMNISVOLLES TUCH

Ziel: Ausprägen des Tastsinns;
Beschreibung üben

Fächer: Fächerübergreifend

Klassenstufe: Ab 1

Voraussetzung: Keine

Sozialform: Gruppen

Zeit: Beliebig

Material: Ein dünnes, aber undurchsichtiges
Tuch; je Schüler ein kleiner Gegenstand.

Vorbereitung: Keine

Durchführung: Jeweils ein Schüler aus der Gruppe
wickelt einen Gegenstand in das Tuch. Ein
anderer Schüler soll den Gegenstand erraten.
Er ist dabei auf die Hilfe der übrigen Gruppenmitglieder angewiesen. Der Reihe nach
tasten die Schüler den Gegenstand durch das
Tuch ab und erzählen dem Ratenden eine Ein-
zelheit über das, was sie beim Befühlen des
Gegenstandes empfunden haben. Je genauer die
tastenden Schüler den Gegenstand beschreiben,
desto eher wird der Ratende zum Ziel kommen.

Hat der Gegenstand in dem Tuch alle anderen
Schüler der Gruppe passiert und ist noch
nicht erraten worden, darf der ratende Schüler jetzt auch selbst tasten. Erst wenn er
die richtige Lösung immer noch nicht weiß,
dürfen die übrigen Schüler, die vorher nur
tasten und beschreiben, aber nicht mitraten
durften, ihre Lösungen nennen. Wer von allen
zuerst den richtigen Gegenstand nennt, darf
jetzt einen Gegenstand in das Tuch wickeln
und erraten lassen.

Stichwort: GEHEIMER GEGENSTAND

Ziel: Zusammenarbeit in der Gruppe

Fächer: Fächerübergreifend

Klassenstufe: Ab 1

Voraussetzung: Keine

Sozialform: Keine

Zeit: ca. 15 Minuten

Material: Jeder Schüler bringt einen kleinen
Gegenstand mit.

Vorbereitung: Keine

Durchführung: Die Schüler einer Gruppe malen ein
Bild. In diesem Gemeinschaftsbild sollen
die Schüler ihre Gegenstände versteckt
darstellen. Nachdem alle Bilder fertigge-
stellt worden sind, soll eine andere Gruppe erraten, welche Gegenstände die Gruppe
mitgebracht hat.

Variation: Die Gegenstände der Schüler einer
Gruppe werden in deren Abwesenheit auf
dem Tisch aufgebaut. Die Schüler dieser
Gruppe sollen jetzt, ohne zu sprechen,
herausfinden, welcher Gegenstand zu welchem Schüler gehört. Dies kann durch
Kopfnicken, Kopfschütteln, Zeigen etc.
passieren.
Ist eine Zusammengehörigkeit erkannt worden, muß sich der Schüler hinter dem Gegenstand aufstellen.

Stichwort: ADJEKTIVE RATEN

Ziel: Wahrnehmungsschulung

Fächer: Fächerübergreifend

Klassenstufe: Ab 2

Voraussetzung: Keine

Sozialform: Beliebig

Zeit: ca. 7 - 10 Minuten

Material: Kein

Vorbereitung: Keine

Durchführung: Ein Kind flüstert seinem Nachbarn ein bestimmtes Adjektiv ins Ohr. Dieses Kind muß das Adjektiv mimisch und gestisch darstellen, sein Nachbar wiederum muß es erraten. Nach Erraten denkt er sich ein neues Adjektiv aus und flüstert es seinem Nachbarn wieder ins Ohr.

Variation: Substantive oder Sprichwörter erraten oder alles zeichnerisch darstellen und erraten lassen.

Stichwort: WAS BIN ICH

Ziel: Gruppenaktivität

Fächer: Fächerübergreifend

Klassenstufe: Ab 1

Voraussetzung: Keine

Sozialform: Beliebig

Zeit: ca. 15 Minuten

Material: Jeder Schüler bringt einen Gegenstand
mit, den er niemandem zeigt.

Vorbereitung: Keine

Durchführung: Die Schüler sitzen in kleinen Gruppen.
Jeder Schüler hat einen Gegenstand bei sich,
den er niemandem gezeigt hat.
Ein Schüler pro Gruppe stellt seinen Gegen-
stand in der Form "Was bin ich" dar. Die anderen
Schüler der Gruppe müssen den Gegenstand erraten.
Sie dürfen Fragen stellen, Vermutungen äußern,
usw. Der Schüler, dessen Gegenstand erraten wer-
den soll, darf nur mit "ja" und "nein" antwor-
ten.
Dieses Spiel ist beendet, wenn die Schüler den
Gegenstand erraten haben.
Es wird fortgesetzt, indem man den Gegenstand
eines anderen Schülers errät.

Stichwort: KÄRTCHENRATEN

Ziel: Gruppenaktivierung

Fächer: Sachkunde, Geographie

Klassenstufe: Ab 4

Voraussetzung: Keine

Sozialform: Gruppe

Zeit: 10 Minuten

Material: Kleine Pappkärtchen

Vorbereitung: Kärtchen anfertigen

Durchführung: Der Lehrer verteilt an jeden Schüler
der Gruppe ein von ihm vorher präpariertes
Kärtchen, z.B. zum Thema: Flüsse in Deutsch-
land.
Jedes Gruppenmitglied bekommt ein Kärtchen mit
einem Flußnamen. Nun ist es die Aufgabe jedes
einzelnen Schülers, seinen ihm zugeteilten
Fluß zu beschreiben (Ursprung, Städte und Ber-
ge die er durchläuft usw.). Die gesammelten
Ergebnisse werden danach gemeinsam anhand einer Landkarte kontrolliert.

Variation: Die Kärtchen bleiben verdeckt. Jeder Schüler beschreibt nun seinen Fluß, ohne den Namen
zu nennen.
Die anderen Schüler müssen diesen erraten.

Gruppen-
aktivitäten

Stichwort: INTERVIEW

Ziel: Gruppenaktivität

Fächer: Fächerübergreifend

Klassenstufe: Ab 3

Voraussetzung: Keine

Sozialform: Beliebig

Zeit: ca. 30 Minuten

Material: Papier und Bleistift

Vorbereitung: Themen überlegen

Durchführung: Der Lehrer (allein oder mit den Schülern) erstellt Zettel, auf denen jeweils ein anderes Thema steht.

> Z.B. Verhältnis zur Religion
> Verhältnis zur Musik
> Verhältnis zu Büchern
> Verhältnis zur Arbeit ...

Die Gruppen ziehen jeweils einen Zettel. Sie haben nun die Aufgabe, sich gemeinsam Fragen zu überlegen, die in ihren Themenbereich fallen, und die sie fremden Personen (z.B. Passanten auf der Straße) stellen können.
Dann geht jede Gruppe für sich los und befragt Passanten, was ihnen zu ihrem Thema einfällt.
Später wird alles zusammengetragen und gemeinsam erörtert.

Variation: Jede Gruppe hat das gleiche Thema.

Stichwort: THEMA SPIELEN

Ziel: Gruppenarbeit aktivieren; Sprechübungen
       (freies Sprechen).

Fächer: Deutsch

Klassenstufe: Ab 2

Voraussetzung: Keine

Sozialform: Gruppenarbeit

Zeit: ca. 30 Minuten

Material: Kein

Vorbereitung: Kleinere Themen für verschiedene Rol-
       lenspiele bereit haben.

Durchführung: Der Lehrer gibt jeder Gruppe ein Thema,
       zum Beispiel: "Die zerbrochene Vase". Er teilt
       es jeder Gruppe mündlich mit oder schreibt das
       Thema auf einen Zettel.
       Jede Gruppe erhält die Aufgabe, sich zu dem
       Thema eine kleine Geschichte auszudenken und
       die Rollen der Personen, die in der Geschichte
       vorkommen sollen, so zu verteilen, daß jeder
       Schüler eine Rolle hat. Anschließend soll jede
       Gruppe ihre Geschichte aus dem Stegreif vor den
       anderen Gruppen vorspielen.

Variation: Jede Gruppe erhält das gleiche Thema. Der
       Anfang einer Geschichte wird vorher vom Lehrer
       erzählt, nur das Ende bleibt offen und soll
       ausgedacht werden.

Stichwort: BLINDE TÜTE

Ziel: Gruppenaktivierung

Fächer: Fächerübergreifend

Klassenstufe: Ab 1

Voraussetzung: Keine

Sozialform: Gruppe

Zeit: 20 Minuten

Material: Kleine Gegenstände, undurchsichtige
Plastiktüten, Filzschreiber

Vorbereitung: Keine

Durchführung: Jeder Schüler bringt einen kleinen
Gegenstand, der in einem undurchsichtigen
Plastikbeutel verpackt ist, mit in die Schule.
Die Tüten werden innerhalb der Gruppe durch-
numeriert. Danach werden sie der Reihe nach
herumgegeben, und jeder muß nun durch Ertasten
herausbekommen, um welchen Gegenstand es sich
jeweils handelt. Die Ergebnisse werden von jedem auf einem Zettel festgehalten und später
in der Gruppe untereinander verglichen.

Stichwort: WER IST DAS

Ziel: Schulung der Beobachtung

Fächer: Fächerübergreifend

Klassenstufe: Ab 3

Voraussetzung: Keine

Sozialform: Beliebig

Zeit: ca. 15 Minuten

Material: Papier und Bleistift

Vorbereitung: Keine

Durchführung: Jeder Schüler beschreibt sich selber auf einem Zettel, und zwar zunächst nur die Kleidung bzw. sein Äußeres. Die Karten werden abgegeben und gemischt. Ein Schüler zieht eine Karte und liest vor. Die anderen Schüler raten, wer das sein kann. Auf ein bestimmtes Kommando zeigen alle Schüler auf eine Person.

Variation: Die Schüler können Hobbys oder persönliche Eigenschaften auf die Zettel schreiben.

Stichwort: GESCHICHTENPANTOMIME

Ziel: Freies Reden, Geschichten weitererzählen,
Förderung non-verbaler Kommunikation,
freies Darstellen.

Fächer: Fächerübergreifend

Klassenstufe: Ab 1

Voraussetzung: Keine

Sozialform: Gruppen

Zeit: ca. 20 Minuten

Material: Kleine Zettel, pro Schüler 6, 1 Würfel
pro Gruppe, 1 Karton pro Gruppe, Gegenstände der Schüler, Schreibmaterial.

Vorbereitung: Keine

Durchführung: Bilden von Gruppen mit ungefähr
8 Schülern.
Jeder Schüler schreibt bzw. malt auf je
6 Zetteln irgendein Wort bzw. Bild, das von
seinem Gegenstand handelt. Alle Zettel einer Gruppe werden in den zur Gruppe gehören-
den Karton getan.
Ein Schüler fängt an zu würfeln, entsprechend
der Augenzahl darf er Zettel aus dem Karton
ziehen. Mit den auf den Zetteln zu erkennen-
den Merkmalen fängt er an, eine Geschichte
zu erzählen.
Die anderen Schüler versuchen das, was erzählt wird, gleichzeitig darzustellen, entweder jeder für sich allein oder alle zusammen. Hat der erzählende Schüler alle Merkmale verbraucht, so darf der nächste Schüler

würfeln und sich Zettel aus dem Karton
ziehen. Er soll die angefangene Geschichte
weitererzählen.

Variation: Geschichte wie oben erzählen, die
pantomimische Darstellung weglassen.

Stichwort: DIE ERSTEN FÜNF MINUTEN

Ziel: Gruppenaktivität

Fächer: Fächerübergreifend

Klassenstufe: Ab 4

Voraussetzung: Keine

Sozialform: Beliebig

Zeit: Beliebig

Material: Kein

Vorbereitung: Keine

Durchführung: Dieses Spiel soll zwei Teilnehmer
etwas näher bekannt machen.
Jeder sucht sich einen Partner. Danach hat
man 6 Minuten Zeit, um einander zu inter-
viewen: Was jeder in den ersten 5 Minuten
des Tages getan, gedacht, gesagt, gefühlt
hat. Jeder befragt also den anderen 3 Minu-

ten. Danach setzt man sich in einem großen
Kreis zusammen und berichtet von seinem Gespräch in folgender Weise: Ein Paar beginnt,
indem der eine den Ablauf der 5 Minuten des
anderen darstellt. Der andere ergänzt oder
stellt falsch Verstandenes richtig.
Danach wird der Partner an die Reihe kommen
und stellt nun die Gedanken, Gefühle usw.
seines Partners dar.
Dieses gilt nun für alle Paare.

Stichwort: GRUPPENAUFSATZ

Ziel: Kommunikation innerhalb einer Gruppe,
       gemeinsame Erarbeitung eines Aufsatzes.

Fächer: Deutsch

Klassenstufe: Ab 3

Voraussetzung: Keine

Sozialform: Gruppen

Zeit: ca. 40 Minuten

Material: Karteikarten

Vorbereitung: Keine

Durchführung: Jede Gruppe bekommt das gleiche Auf-
       satzthema. In den ersten fünf Minuten soll
       jeder Schüler sich Gedanken zum Thema machen
       und diese jeweils auf Kärtchen aufschreiben.
       Die Ideen werden in der Mitte des Tisches ge-
       sammelt und geordnet. Anhand dieser Gedanken
       sollen die Kinder zusammen im Gespräch einen
       Aufsatz erarbeiten und diesen dann aufschrei-
       ben.

Variation: Es können auch fachspezifische Themen
       (Biologie, Geschichte, Geographie) gestellt
       werden.

Stichwort: FLASCHE DREHEN

Ziel: Gruppenaktivität

Fächer: Fächerübergreifend

Klassenstufe: Ab 1

Voraussetzung: Keine

Sozialform: Kreisform

Zeit: Beliebig

Material: 1 Flasche (Flaschenanzahl je nach
Gruppenanzahl:
1 Flasche pro Gruppe)

Vorbereitung: Keine

Durchführung: Ein Freiwilliger setzt sich in
die Mitte des Kreises, den die Gruppe
gebildet hat.
Er hat die Aufgabe, die Flasche zu drehen.
Dabei sagt er: Derjenige, auf den die Flasche zeigt, muß ... Er überlegt sich nun
eine kleine Aufgabe, die der Betreffende
ausführen muß.
Anschließend geht der Betreffende, der die
Aufgabe zu erfüllen hatte, in die Mitte, und
das Spiel geht von vorne los.
Beispiele für Aufgaben:
Man muß auf allen vieren durch den Raum laufen und vier Teilnehmer anbellen.
Man muß das ABC einmal rückwärts aufsagen.
Man muß eine Begebenheit pantomimisch dar-
stellen ...

<u>Variation:</u> Einsetzen in den Fächern, z.B.
Deutsch. Die Aufgaben sind dement-
sprechend themenbezogen: Gedicht aufsagen, Geschichte vorlesen, ...

Stichwort: GEFÜHLSQUALITÄTEN

Ziel: Sichtbarmachen der Darstellungsformen mensch-
licher Gefühle. Bearbeitung der Diskrepanz
zwischen Sprache und Mimik.

Fächer: Deutsch, Gemeinschaftskunde

Klassenstufe: Ab 7

Voraussetzung: Keine

Sozialform: Gruppen von 6 - 10 Schülern

Zeit: 10 - 15 Minuten

Material: Textmaterial, unbeschriebene Zettel,
Schreibmaterial.

Vorbereitung: Keine

Durchführung: Von jedem Teilnehmer wird eine Ge-
fühlsqualität, beispielsweise stolz, ängstlich, wütend, niedergeschlagen u.ä. auf einen Zettel geschrieben.
Nachdem alle Zettel gesammelt sind, zieht jedes Gruppenmitglied einen Zettel. Nacheinander
trägt nun jedes Gruppenmitglied einen Teil des
Textes dem vorgeschlagenen Gefühl entsprechend,
das, was auf dem Zettel stand, vor. Der Rest
der Gruppe versucht im Anschluß an jede Drama-
tisation das Gefühl herauszufinden, welches
vermittelt werden sollte.

Variation: Die Aufgaben dieser Übung können auch von
Kleingruppen übernommen werden.

Lit.-Hinweis: FIGGE (1975)

Stichwort: ERKENNE MICH

Ziel: Gruppenaktivitäten,
gegenseitiges Kennenlernen.

Fächer: Fächerübergreifend

Klassenstufe: Ab 3

Voraussetzung: Jeder Schüler bringt einen unbekannten
Gegenstand mit.

Sozialform: Kreis

Zeit: Beliebig

Material: Gegenstände

Vorbereitung: Keine

Durchführung: Alle Gegenstände werden offen auf den
Fußboden gelegt. Die Schüler bilden einen Kreis.
Jeder aus dem Kreis nimmt einen Gegenstand vom
Boden auf und bringt ihn zu einem Schüler seiner
Wahl; zu einem Schüler, von dem er vermutet, daß
dieser den Gegenstand mitgebracht hat. Dazu gibt
er eine Begründung seiner Wahl. Der Angesprochene
nimmt den Gegenstand, sofern er ihn mitgebracht
hat und gibt eine Begründung, was dieser Gegenstand für ihn bedeutet.
Ist er nicht der Eigentümer, so gibt er den Gegenstand zurück mit der Begründung, warum er diesen Gegenstand nicht mitbringen konnte oder woll-
te. Dazu nennt er eine Merkmalseigenschaft des
Gegenstandes, den er wirklich mitgebracht hat.

Stichwort: TAUSCHAKTION

Ziel: Wahrnehmung der Schüler fördern;
       genaues Beobachten.

Fächer: Fächerübergreifend

Klassenstufe: Ab 1

Voraussetzung: Keine

Sozialform: Gruppen – oder bei der gesamten Klasse:
       Kreisform.

Zeit: ca. 15 Minuten

Material: Kein

Vorbereitung: Keine

Durchführung: Die Schüler setzen sich gruppenweise
       (oder im Kreis) zusammen. Ein Schüler jeder
       Gruppe geht kurz aus dem Klassenzimmer. Die
       übrigen Schüler nehmen innerhalb ihrer Grup-
       pe eine optische Veränderung vor.
       Beispiel:
       Zwei Schüler tauschen ihre Strickjacken aus
       und ziehen die "fremde" an. Ein Schüler trägt
       die Brille eines anderen. Zwei Schüler tau-
       schen ihre Plätze ...
       Nach dieser optischen Veränderung werden die
       hinausgegangenen Schüler von ihrer Gruppe her-
       eingerufen und sollen die stattgefundene Ver-
       änderung herausfinden.
       Jeder Schüler jeder Gruppe erhält einmal die-
       se Aufgabe.

Stichwort: HÖR GUT ZU

Ziel: Freies Reden; Intensives Zuhören;
Gedächtnisübung.

Fächer: Fächerübergreifend

Klassenstufe: Ab 3

Voraussetzung: Keine

Sozialform: Gruppen (mindestens 5 Schüler pro Gruppe)

Zeit: 20 Minuten

Material: Jeder Schüler bringt einen kleinen Gegenstand mit, den er den anderen Schülern nicht
zeigt.

Vorbereitung: Keine

Durchführung: Jeder Schüler erzählt eine kleine Geschichte über seinen Gegenstand. Der Gegenstand
wird in der Geschichte erwähnt aber nicht besonders hervorgehoben. Nachdem alle Schüler ihre
Geschichte über ihren Gegenstand erzählt haben,
legen sie ihre mitgebrachten Gegenstände mit ge-
schlossenen Augen in die Kreismitte, so daß keiner sehen kann, wer welchen Gegenstand mitgebracht hat.
Ein Schüler versucht nun, die Gegenstände den
Gruppenmitgliedern zuzuordnen, mit Hilfe der Informationen aus den Geschichten. Die Schüler,
denen der falsche Gegenstand zugeordnet wurde,
legen die Gegenstände wieder in die Kreismitte
zurück. Ein anderer Schüler versucht nun, die
restlichen Gegenstände richtig zuzuordnen.
So geht es weiter, bis alle Gegenstände den richtigen Schülern zugeordnet sind.

Variation: Das Spiel wird schwieriger, wenn der
Gegenstand in der Geschichte nicht erwähnt,
sondern nur beschrieben werden darf.

Zur Unterrichtsführung

Stichwort: UHR

Ziel: Lösen einer Aufgabe in einer bestimmten Zeit.
       Die Schüler sollen lernen, sich die Zeit, die
       sie bekommen, einzuteilen.

Fächer: Fächerübergreifend

Klassenstufe: Ab 2

Voraussetzung: Schüler müssen Uhrzeit ablesen können.

Sozialform: Beliebig

Zeit: Wird jeweils vom Lehrer genau angegeben.

Material: Uhr; möglichst eine große Pappuhr oder ein
           großer Wecker.

Vorbereitung: Pappuhr anfertigen

Durchführung: Der Lehrer stellt die mitgebrachte Uhr
       so auf, daß alle Schüler sie gut sehen können.
       Während des Unterrichts gibt er den Schülern
       außer der Arbeitsanweisung (z.B. für die Bear-
       beitung eines Textes) auch die Zeit an, die die
       Schüler für diese Arbeit zur Verfügung haben.

Variation: Statt eines Weckers kann auch eine Eier-
       uhr benutzt werden; die Methode ist dann schon
       im 1. Schuljahr anwendbar.

Stichwort: STRICHZEIT

Ziel: Selbstkontrolle für Schüler; lösen von
Arbeitsaufgaben in einer bestimmten Zeit.

Fächer: Fächerübergreifend

Klassenstufe: Ab 2

Voraussetzung: Keine

Sozialform: Beliebig

Zeit: Beliebig

Material: Kein

Vorbereitung: Keine

Durchführung: Der Lehrer gibt den Schülern eine
Aufgabe mit dem Hinweis, diese in einer bestimmten Zeit zu lösen. Die Zeit beginnt mit
dem Ende der Arbeitsanweisung und ist abge-
schlossen mit einer vorher zu bestimmenden
Anzahl von Kreidestrichen, die an die Wand-
tafel gemalt werden.

Beispiel:
Lehrer: Wenn ich den fünften Kreidestrich an
die Tafel male, müßt Ihr mit der Lösung der
gestellten Aufgabe fertig sein!

Variation:

1. Der Lehrer zeichnet eine bestimmte Anzahl
    Kreidestriche an die Wandtafel und gibt
    somit die Zeitspanne an, die die Schüler
    benötigen dürfen, um die Arbeitsaufgaben
    zu lösen. Durch Auslöschen der Kreide-
    striche wird die Zeitspanne bis zur Lösung
    eingeschränkt.

2. Blättchen an die Tafel kleben, siehe
    Durchführung.

Stichwort: WIR PLANEN MIT!

Ziel: Beteiligung der Schüler an der Planung
des Unterrichts.

Fächer: Fächerübergreifend

Klassenstufe: Ab 3

Voraussetzung: Keine

Sozialform: Klassenverband

Zeit: Beliebig

Material: Drei verschiedenfarbige Papptafeln
oder festes Papier (ca. 50 x 50 cm).

Vorbereitung: Lehrplan durcharbeiten

Durchführung: An die Klassenwand werden nebeneinander 3 Papptafeln gehängt.

1. Auf die linke Pappe schreibt der Lehrer
das auf, was die Schüler in den kommenden
3 Monaten lernen müssen (z.B. laut Lehrplan).

2. Auf die rechte Pappe schreiben Lehrer und
Schüler auf, was sie gerne in diesen nächsten Monaten an Projekten und Themen erarbeiten wollen.

3. Auf die mittlere Pappe tragen die Schüler
die Arbeitsschritte und Tätigkeiten im
Rahmen des gegenwärtigen Projektes ein.

Ein solcher Plan kann wie folgt benutzt werden:

a) Auf der rechten Pappe streichen die Schüler
das Projekt, das sie durchgeführt haben.

b) Auf der mittleren Pappe streichen die Schüler die einzelnen Arbeitsschritte, wenn sie
sie erledigt haben (auf diese Weise wird den

Schülern der Fortgang ihrer Arbeit auch optisch wahrnehmbar).

c) Auf der linken Pappe kreuzen die Schüler das Lernziel an, dem ein realisierter Arbeitsschritt auf der mittleren Pappe zuzuordnen ist (auf diese Weise sehen die Schüler, wie oft im Laufe der Woche die einzelnen Lernziele in Arbeitsschritten berücksichtigt worden sind).

Am Ende der Dreimonatsphase werden unerledigte Projekte und zu wenig berücksichtigte Lernziele in den nächsten Dreimonatsplan übernommen.

Lit.-Hinweis: BOETTCHER (1976)

Stichwort: STÜHLERÜCKEN

Ziel: Wiederholung eines vorher durchgenommenen
       Stoffes.

Fächer: Fächerübergreifend

Klassenstufe: Ab 1

Voraussetzung: Keine

Sozialform: Beliebig

Zeit: ca. 10-15 Minuten

Material: Kein

Vorbereitung: Keine

Durchführung: Innerhalb der Klasse werden zwei
       Gruppen (A und B) gebildet.
       Dann werden zwei, sich gegenüberstehende
       Stuhlreichen (A/B) aufgebaut. Jede Reihe
       besteht aus 5 nebeneinanderstehenden Stüh-
       len; die Sitzflächen zeigen in die Mitte,
       ein Mittelgang muß beachtet werden. - Aus
       jeder Gruppe werden nun 5 Schüler ausge-
       sucht, die in ihrer (A/B) Reihe Platz neh-
       men. Nun kann die erste Aufgabe an diese
       10 Schüler gestellt werden. Derjenige, der
       sie als erster lösen kann, kehrt auf sei-
       nen Platz in der Klasse zurück; in der Reihe
       wird aufgerückt, und es folgt nun ein an-
       derer Schüler aus der Gruppe, der den frei-
       gewordenen Platz in der Reihe wieder be-
       setzt. - Es hat die Gruppe gewonnen, die
       zuerst alle ihre Mitglieder einmal durch
       ihre Reihen "rücken" lassen konnten.

Stichwort: RÜCKMELDER

Ziel: Überprüfung des eigenen Unterrichtstils

Fächer: Fächerübergreifend

Klassenstufe: Ab 3

Voraussetzung: Keine

Sozialform: Einzelarbeit, Gruppenarbeit

Zeit: Beliebig

Material: Kasten

Vorbereitung: Aufstellen eines Kastens (Schuhkarton, Zigarrenkiste), möglichst mit einer Signalfarbe gestrichen.

Durchführung: Die Schüler bekommen die Aufgabe, Ideen zur Unterrichtsgestaltung auf einen Zettel zu schreiben. In den unteren Klassen gibt der Lehrer Hilfestellung in folgender Form: "Was macht ihr in meinem Unterricht am liebsten?" oder "Denkt euch einmal aus, was wir im Unterricht zusammen machen könnten", oder "Welches Thema wollen wir demnächst behandeln?" oder "Wozu habt ihr eigentlich nie Lust?".
Die Zettel werden in den Kasten gelegt, vom Lehrer durchgesehen und die Ideen mit der Klasse besprochen.
Es ist der Klasse vorher zu sagen, daß auf den Zetteln keine Namen stehen müssen, weil sonst Kritik am Unterricht des Lehrers ausbleibt!

Variation: Der Kasten hat seinen festen Platz in
der Klasse, und die Schüler können unaufgefordert jederzeit solche Zettel hineinlegen.

Anmerkung:

Kommt keine Kritik in den Kasten, dann ist
Ihr Unterricht noch lange nicht das Non-
plus-ultra!
Vielleicht haben Ihre Schüler Angst vor Ihnen!
Geben Sie ihnen den Tip, die Zettel entweder
mit der Schreibmaschine oder von einem Freund
schreiben zu lassen, damit Sie den "Meckerer"
mit Sicherheit nicht am Schriftbild erkennen!

Stichwort: SCHIEDSRICHTER

Ziel: Störungen im Unterricht vermeiden

Fächer: Fächerübergreifend

Klassenstufe: Ab 1

Voraussetzung: Keine

Sozialform: Klassenverband

Zeit: ca. 2 Minuten

Material: Zwei Kärtchen (gelb und rot),
mehrere Hausaufgabengutscheine.

Vorbereitung: Zuschneiden der Kärtchen, Aus-
schreiben der Hausaufgabengutscheine.

Durchführung: Der Lehrer erklärt den Schülern, daß
er die gelbe und die rote Karte ähnlich benutzen wird, wie sie der Schiedsrichter auf
dem Fußballplatz benutzt (bei unfairem Spiel
eines Spielers wird ihm die gelbe Karte gezeigt, bei groben Fouls die rote. Dreimal
gelb entspricht einmal rot, Platzverweis!).
Bei Störungen des Unterrichts durch Schüler
ist der Lehrer durch Zeigen der Karte in der
Lage, Maßnahmen zu ergreifen, diese Störungen abzubauen. Beim Zeigen der Karte muß der
Lehrer unterscheiden zwischen "leichter" Störung (gelb) und "starker" Störung (rot).
Die zu ergreifenden Maßnahmen sollten keine
üblichen "Strafen" sein, sondern nach Möglichkeit für die nicht störenden Schüler be-
lohnenden Charakter haben, damit die störenden Schüler motiviert werden, sich durch Nicht-
stören ebenfalls zu belohnen.

Das könnte wie folgt geschehen:

Pro gelbe Karte bekommt der störende Schüler einen Strich. Bei einer roten Karte drei Striche.

In regelmäßigen Abständen (zwei Wochen) verteilt der Lehrer Hausaufgabengutscheine. Wer z.B. mehr als drei Striche hat, bekommt keinen Gutschein.

Hat ein Schüler durch einen für ihn wichtigen Grund keine Hausaufgaben machen können, gibt er dafür den Gutschein ab und braucht die Hausaufgaben nicht zu machen.

Stichwort: PLUS-MINUS-KONTO

Ziel: Motivation zu Hausaufgaben, selbständiges
Arbeiten.

Fächer: Fächerübergreifend

Klassenstufe: Ab 3

Voraussetzung: Hausaufgaben erteilen sowie ständige
Kontrolle der Hausaufgaben von jedem Schüler.

Sozialform: Beliebig

Zeit: Entsprechend

Material: Heft, Mappe oder Liste

Vorbereitung: Anfertigen einer Namenliste der Schüler.

Durchführung: Der Lehrer fertigt eine Liste mit den
Namen der Schüler an. Hinter den Namen muß ge-
nügend Platz bleiben für Plus- oder Minusstriche.

Beispiel:
Hat ein Schüler die Hausaufgabe nicht gemacht,
bekommt er ein Minus mit Bleistift angeschrie-
ben. Holt er die Hausaufgabe zur nächsten Stunde nach, erlischt das Minus. Andernfalls bleibt
es bestehen.
Nun besteht aber auch die Möglichkeit, das Minus
später durch ein Plus auszugleichen: Die Schüler
suchen sich eine Sonderaufgabe aus einem von ihnen frei gewählten Fach über ein Thema nach ihren Interessen.
Der Umfang solcher Sonderaufgaben sollte ungefähr dem der Hausaufgaben entsprechen.

Variation: Für eine "Große Zusatzaufgabe" gibt es drei
Pluspunkte. Jeder Pluspunkt gleicht ein Minus
aus. Für jede Pflichtaufgabe (Hausaufgabe) gibt

es einen Pluspunkt. Somit muß auch jede Aufgabe vom Lehrer angesehen werden.

Häufig kommen die Schüler von selbst und gleichen ein Minus aus, indem sie die Sonderaufgabe unaufgefordert nachliefern.

Dieses System entspricht einem ständigen Lob
und Tadel (von den Schülern selbst zu kontrollieren und zu beeinflussen). Das Lob besteht
in der unterschiedlichen Anzahl der Pluspunkte.

Stichwort: STUHLRÜCKEN

Ziel: Konfliktlösung

Fächer: Fächerübergreifend

Klassenstufe: Ab 4

Voraussetzung: Keine

Sozialform: Zwei Schüler sitzen sich gegenüber, die
anderen bilden einen Kreis um die zwei Schüler.

Zeit: Beliebig

Material: Zwei Stühle

Vorbereitung: Keine

Durchführung: Besteht zwischen zwei Schülern einer
Klasse ein Konflikt (Streit, Unstimmigkeiten),
so setzen sich diese in einem Abstand von mindestens vier Metern auf zwei Stühlen gegenüber.
Die anderen Schüler bilden um die beiden Kontrahenten einen Kreis.

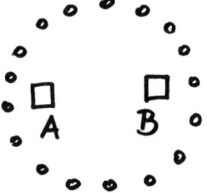

Die Schüler A und B sollen nun durch die unten
aufgeführte Gesprächsform versuchen, den Konflikt zu lösen. Die Schüler in dem Außenkreis
dürfen nicht in das Gespräch eingreifen.

Schüler A beginnt, seine Meinung zu dem Konflikt Schüler B mitzuteilen, der ihn nicht unterbrechen darf.

Hat Schüler B die Darlegung der Meinung akzeptiert, so rückt er ein Stück mit seinem Stuhl auf Partner A zu. Akzeptiert Schüler B nicht das Gesagte von Schüler A, so rückt dieser ein Stück mit seinem Stuhl von seinem Gegenüber ab.

Daraufhin ist Schüler B an der Reihe, seine Ansichten zu äußern. Schüler A darf Schüler B nicht unterbrechen und gibt seine Zustimmung (rückt auf B zu) oder zeigt Ablehnung (rückt ab von B). Wie weit der Stuhl jeweils noch vorn oder nach hinten gerückt wird, bleibt beiden Schüler überlassen.

Variation:

1. Die zwei Kontrahenten dürfen sich Berater hinzuholen und sich mit ihnen absprechen.

2. Zwischen dem Klassenlehrer und der Klasse (vertreten durch den Klassensprecher) können so Konflikte oder Meinungsverschiedenheiten ausgetragen werden.

Stichwort: KLASSENARBEIT

Ziel: Reduzierung der Angst bei den Schülern vor
Klassenarbeiten.

Fächer: Fächerübergreifend

Klassenstufe: Ab 3

Voraussetzung: Keine

Sozialform: Klassenverband

Zeit: Beliebig

Material: Siehe Vorbereitung

Vorbereitung: Zusammenstellen von Fragen mit Antworten bzw. Rechenaufgaben mit Lösungsweg
und Lösung.

Durchführung: Die Schüler erhalten vom Lehrer ca.
vierzehn Tage vor der Klassenarbeit einen
Katalog von Fragen mit den dazugehörigen
Antworten. Die Antworten müssen dabei nicht
immer auf die einzelnen Fragen verweisen,
sondern können getrennt den Schülern gegeben
werden. Die Schüler müssen dann die Antworten den Fragen zuordnen.
Als Hilfe sei hier auf die Arbeitshefte für
die Hand des Lehrers verwiesen, die auch den
Schülern ausgehändigt werden könnten (bzw.
die entsprechenden Auszüge).

Werden z.B. zwanzig Fragen oder Aufgaben angekündigt, umfaßt der Fragenkatalog etwa
achtzig bis hundert Fragen mit Antworten, je
nach Klassenstufe. Es dürfen dann in der
Klassenarbeit nur Fragen aus dem Katalog genommen werden.

Werden Lehrerarbeitshefte verwendet, kann ein
Fragen- oder Aufgabenkomplex genannt werden.

Während der Klassenarbeit ist den Schülern zu
helfen. Meldet sich ein Schüler, der Schwierigkeiten hat, geht der Lehrer zu ihm. Ist das
Prinzip des Lösungsweges bzw. der Frage richtig,
so soll der Lehrer seinerseits dem Schüler einen Denkanstoß geben, so daß er die Beantwortung der Aufgabe zu Ende führen kann.

Anmerkung:

So lange es keine brauchbaren Alternativvorschläge gibt, die Leistung der Schüler außer
durch Benotung von Klassenarbeiten zu ermitteln (ausgenommen sind hier alle Tests), muß
dieses System akzeptiert werden. Die Gefahr, bei
der normalen Art und Weise Klassenarbeiten schreiben zu lassen, führt zuweilen zu einem konflikt-
reichen Verhältnis zwischen Lehrer und Schüler.

Das beschriebene Verfahren gewinnt ein hohes
Maß an Fairneß, weil keine unerwarteten Fragen
in den Klassenarbeiten auftauchen können.
Es ist jedem Lehrer bekannt, daß die Prüfungs-
angst physiologische Vorgänge auslösen, die die
Denkfähigkeit blockieren können (vgl. VESTER,
1975, 1978).
Fast jeder Lehrer hat während seiner Ausbildung
über Klausuren und Prüfungen geschimpft und sie
verteufelt. Um so verwunderlicher ist es, daß er

exakt das gleiche Verfahren anwendet. Durch kleine Hilfestellungen und Denkanstöße während einer
Klassenarbeit entkrampft sich der Organismus des
Schülers allmählich und die Denkblockaden verrin-
gern sich. Der Grund ist darin zu suchen, daß der
Schüler sich nicht hilflos und verlassen vorkommt, sondern den Lehrer als Partner ansieht,
der ihm wirklich helfen will.

Wie häufig ist es Lehrern in ihrer Ausbildung
so ergangen, daß sie an irgendeinem Punkt
während der Klausur oder Prüfung nicht weiter
kamen, obwohl sie die Antwort förmlich in den
Fingern spürten. Es stellte sich nach der Klausur heraus, daß man die Aufgabe spielend zu
Ende gebracht hätte, aber es fehlte im entschei-
denden Moment nur ein Stichwort oder ein kleiner
Hinweis des Dozenten.

Und noch etwas: Was spricht eigentlich dagegen,
daß die Schüler z.B. den Katalog auswendig lernen? Hier lernen sie wenigstens gezielt und wissen wofür.

Ich, Methodix, behaupte, daß bei dieser Methode
mehr im Gedächtnis haften bleibt als bei der
herkömmlichen Klassenarbeit.

Stichwort: WIE WEIT ICH BIN

Ziel: Die Schüler lernen, ihre zur Verfügung stehende
Arbeitszeit besser einzuschätzen und einzuteilen.
Der Lehrer kann genau überblicken, wie weit der
einzelne in seinem Arbeitsvorgang ist, er kann
entsprechend dem Arbeitstempo der Klasse gezielte
Unterrichtsmaßnahmen und -planungen treffen.

Fächer: Fächerübergreifend

Klassenstufe: Ab 1

Voraussetzung: Keine

Sozialform: Beliebig

Zeit: Beliebig

Material: Farbige Stifte, die optisch gut voneinander
zu unterscheiden sind.

Vorbereitung: Keine

Durchführung: Diese Methode ist besonders für die Stillarbeit bzw. -beschäftigung der Schüler während einer Unterrichtsstunde gedacht. Der Lehrer gibt einen bestimmten Arbeitsauftrag, und die Schüler kenn-
zeichnen durch Legen bzw. Heben ihrer farbigen Stifte, wie weit sie in der Erledigung der Anweisungen
vorangekommen sind. So kann z.B. bedeuten:

o Blauer Stift: Ich habe die Hälfte fertig.

o Roter Stift: Ich bin fertig.

o Grüner Stift: Ich beschäftige mich schon mit
etwas anderem (Hausaufgabe u.ä.).

Schüler und Lehrer können andere Zeichen für den
Unterricht verabreden, z.B.:

o Gelber Stift: Ich habe eine Frage.

o Schwarzer Stift: Ich habe die Aufgabenstellung
nicht verstanden.

o Roter Stift: Ich komme nicht weiter, ich
brauche Hilfe.

Unterrichts-
führung

Die Schüler heben dabei die Stifte kurz hoch oder legen sie für den Lehrer sichtbar auf ihren Tisch.

Variation: Der Lehrer gibt eine Aufgabe bzw. einen Aufgabenkomplex, der über einen längeren Stundenabschnitt in Stillarbeit zu bearbeiten ist. Die Schüler teilen sich - evtl. auch unter Abstimmung mit dem Lehrer - die zur Verfügung stehende Zeit ein. So legen sie z.B. für den ersten Aufgabenteil 10 Minuten fest, für den zweiten 3 Minuten usw. Jeder Schüler hat ein Kärtchen-Set von Stehaufmännchen. Er darf jedesmal ein neues Kärtchen aufstellen, wenn er in seinem Arbeitsverlauf einen neuen Zeitabschnitt seiner Zeiteinteilung anbricht. Er zeigt somit dem Lehrer, an welcher Aufgabe er gerade arbeitet. Dem Lehrer ist es eine Kontrolle, wie lange die Schüler für bestimmte Aufgaben brauchen und wie viel Zeit somit anzusetzen ist.

Stichwort: ARBEITSANWEISUNG

Ziel: Das Ziel ist, dem Schüler eine klare Arbeitsanweisung zu geben, um so dem ständigen Nach-
fragen vorzubeugen.

Fächer: Fächerübergreifend

Klassenstufe: Ab 2

Voraussetzung: Keine

Sozialform: Beliebig

Zeit: Zeitunabhängig

Material: Kein

Vorbereitung: Keine

Durchführung: Der Lehrer schreibt zunächst die von
ihm festgesetzten Indikatoren einer Arbeitsanweisung an die Tafel. Das kann folgendermaßen aussehen:

1. Aufgabe:	Was?	....
	Wie?	....
	Ziel?	....
2. Zeit:	Wie lange?	....
3. Ort:	Wo?	....
4. Sozialform:	Mit wem?	....
5. Material:	Womit?	....
6. Abschluß:	Was kommt danach?	....

Anschließend setzt er je nach Übungsbereich die
Angaben ein.

Variation:

1. Nach einiger Zeit kann dieses Schema etwas
vereinfacht werden, indem man eine Tabelle
an die Tafel zeichnet. In diese könnte folgendes eingetragen werden:

Aufgabe	7 Beispiele finden zur Übung Nr. 3, Sprachbuch, S. 26
Wie lange	ca. 15 Minuten
Wo	Im Klassenraum: Deinen Sitzplatz kannst Du wechseln
Mit wem	Alleine oder mit nur einem Mitschüler (Partnerarbeit)
Womit	Sprachbuch, Übungsheft; nicht mit Bleistift, sondern Tinte
Danach	Übung Nr. 4 kann angefangen werden (Hausaufg. für morgen)

Günstig ist es, wenn ein Schüler dieses Schema schon kurz vor Stundenbeginn an die Tafel zeichnet.

2. Wenn die Schüler mit diesem Verfahren der Arbeitsanweisung vertraut sind, kann man einen Schüler den vom Lehrer mündlich gegebenen Arbeitsauftrag wiederholen lassen, und dieser Schüler trägt dann die Angaben in das Raster an der Tafel ein.

3. Im Laufe der Zeit kann man dann auch einzelne der zunächst einmal festgesetzten Kriterien weglassen oder ergänzen. Hier würde es sich anbieten, dies mit den Schülern zu besprechen.

Stichwort: ICH MELDE MICH

Ziel: Mit Hilfe vereinbarter Regeln sollen Schüler
und Lehrer sich besser verständigen lernen.

Fächer: Fächerübergreifend

Klassenstufe: Ab 3

Voraussetzung: Keine

Sozialform: Beliebig

Zeit: Zeitunabhängig

Material: Kein

Vorbereitung: Keine

Durchführung: Schüler und Lehrer vereinbaren gemeinsam Regeln für das Melden.
Diese könnten zum Beispiel folgendermaßen aussehen:

1. Eine Hand heben: Der Beitrag gehört direkt
   zum Gesprächsinhalt; er ist eine Fort-
   führung des Gedankens.
2. Eine Faust zeigen: Der Beitrag spricht gegen den Gesprächsinhalt; er ist eine
   Entgegnung.
3. Beide Hände heben: Der Beitrag will einen
   neuen Gedanken ansprechen.

Variation: Für sich ständig wiederholende Handlungen
(Austreten, Tafelwischen) könnte man bestimmte
Zeichen erfinden.

Stichwort: STUNDENFAHRPLAN

Ziel: Strukturierung des Unterrichts; Hilfen für die
       gemeinsame Planung eines Unterrichtsablaufs.

Fächer: Fächerübergreifend

Klassenstufe: Ab 2

Voraussetzung: Keine

Sozialform: Beliebig

Zeit: Zeitunabhängig

Material: Evtl. große Uhr

Vorbereitung: Keine

Durchführung: Um den Unterrichtsablauf für die Schüler
       (und auch für den Lehrer) sichtbar zu machen,
       kann man die Unterrichtsstunde wie einen Fahrplan
       stichwortartig oder ausführlich an die Wandtafel
       schreiben.

       1. Beispiel:

       ┌───┐
       │ Ablauf der Unterrichtsstunde   │
       │   │
       │ 1. Themenstellung und Arbeitsanweisung   │
       │ 2. Partnerarbeit   │
       │ 3. Unterrichtsgespräch   │
       │ 4. Kurze Pause   │
       │ 5. Gruppenarbeit   │
       │ 6. Zusammenfassung der Ergebnisse   │
       └───┘

Erklärung: Anhand eines Stundenfahrplans können die
die Schüler den Ablauf der Unterrichtsstunde verfolgen. Dieser Stundenfahrplan kann noch spezifiziert
werden:

2. Beispiel:

Ablauf der Unterrichtsstunde

1. Themenstellung und Arbeitsanweisung
   Der politische Konflikt in Südostasien
   Durcharbeiten der mitgebrachten Zeitungsartikel

2. Partnerarbeit
   Gegensätzliche politische Standpunkte
   stichwortartig herausschreiben

3. Unterrichtsgespräch
   Folgende Fragen sollen untersucht werden:
   Frage 1: ....
   Frage 2: ....
   Frage 3: ....

4. Pause
   Kurze Pause im Klassenraum

5. Gruppenarbeit
   Eigene Stellungnahmen in der Gruppe erarbeiten
   und stichwortartig zusammenfassen

6. Zusammenfassung der Ergebnisse
   Gruppenergebnisse werden in der Klasse diskutiert

Solch ein Stundenfahrplan läßt sich sehr leicht mit
einer Zeitleiste versehen (siehe Beispiel 3).
Schüler und Lehrer können die Zeit gemeinsam überprüfen und wissen, wie schnell oder wie langsam sie zu
arbeiten haben.

3. Beispiel:

Ablauf der Unterrichtsstunde	Zeit von ... bis ...
1. Themenstellung und Arbeitsanweisung Der politische Konflikt in Südostasien Durcharbeiten der mitgebrachten Zeitungsartikel	10.30 - 10.40
2. Partnerarbeit Gegensätzliche politische Standpunkte stichwortartig herausschreiben	
3. Unterrichtsgespräch Folgende Fragen sollen untersucht werden: Frage 1: .... Frage 2: .... Frage 3:	10.40 - 10.55
4. Pause Kurze Pause im Klassenraum	10.55 - 11.00
5. Gruppenarbeit Eigene Stellungnahmen in der Gruppe erarbeiten und stichwortartig zusammenfassen	11.00 - 11.10
6. Zusammenfassung der Ergebnisse Gruppenergebnisse werden in der Klasse diskutiert	11.10 - 11.15

Sinnvoll ist es, sich eine große (Popp-)Uhr zu beschaffen, die man für alle Schüler sichtbar in die Klasse stellt. Auf diese Weise können und sollen die Schüler die Zeit kontrollieren. Das heimliche Schauen auf die Uhr entfällt.

Stundenfahrpläne müssen je nach Altersstufe der Schüler entwickelt werden. So könnte beispielsweise ein Stundenfahrplan für Grundschüler wie folgt aussehen:

4. Beispiel:

Unsere 3. Stunde

1. Wir überprüfen die Hausaufgaben

2. Wir lesen im Lesebuch die Geschichte auf Seite 12

3. Wir sprechen über die Geschichte

4. Wir malen ein Bild zu dieser Geschichte

Variation:

1. Im Laufe der Zeit (wenn die Schüler das Prinzip verstanden haben) können die Schüler zum Stundenfahrplan an der Tafel eigene Alternativvorschläge machen. Sie planen kurzfristig den Unterricht mit.

2. Der Lehrer bittet mehrere Schüler, ihm bei der nächsten Unterrichtsstundenplanung mitzuhelfen. Das kann in fünf Minuten nach dem Unterricht geschehen.

3. Mehrere Schüler erhalten vom Lehrer oder von der Klasse den Auftrag, die nächsten Unterrichtsstunden zu planen.

L I T E R A T U R

BEYER, G.:   Köpfchen, Köpfchen. Gedächtnistraining für Schüler und Co., München 1977

BOETTCHER, W. u.a.:   Lehrer und Schüler machen Unterricht, München 1978

BRAUN / SAWALLISCH (Hrsg.): Mein neues Sprachbuch - 3. Schuljahr, Hannover 1972

BREMER KOLLEKTIV: Didaktik und Methodik des Deutschunterrichts, Stuttgart 1978

BRÜCK, H.:   Die Angst des Lehrers vor seinem Schüler, Reinbek bei Hamburg 1978

CROPLEY, A.:   Unterricht ohne Schablone. Wege zur Kreativität, Ravensburg 1978

FIGGE, P.:   Lernen durch Spielen. Praktische Dramapädagogik und Dramatherapie, Heidelberg 1975

GABELE, P.:   Arbeitsmittel und Lehrprogramme, Stuttgart 1968

GLONNEGGER, E.:   Das goldene Spielbuch. Spiel und Spaß für jedermann, Ravensburg 1967

GÖSSMANN, W.:   Sätze statt Aufsätze. Schriftliches Arbeiten auf der Primarstufe, Düsseldorf 1976

GRELL, J.:   Rezeptfeindschaft - Alibi der Theoretiker. In: Westermann Päd. Beiträge, H. 7 (1978), S. 268-271

HEINEMANN, S.:   Mathematische Spiele, Plankstadt 1976

HOLSTEIN, H.:   Arbeitsmittel im Unterricht, Bochum 1976

KEMPOWSKI, W.:   Immer so durchgemogelt. Erinnerungen an unsere Schulzeit, Frankfurt/M. 1976

KUNERT, K.; E. ZITTERBART: Provokation im Unterricht, Donauwörth 1976

LERCH, N.:   Lesemodelle. Methodische Einführung, Unterrichtsprotokolle und Unterrichtsskizzen zur literarischen Erziehung an Grund- und Hauptschulen, München 1975

LÜBKE, E. u. W.:   Moderne Unterrichtsgestaltung,
Dornburg-Frickhofen 1973

LÜDEKE, I.:   Sprachspiele für die Primarstufe,
Limburg 1978

MACHT, K. u.a.:   Das darstellende Spiel im Englischunterricht, Ansbach 1977

MINSEL, W.-R.; W. PALLASCH (Hrsg.): Psychologie in der Schule,
Bochum 1975

PALLASCH, W.:   Unterrichtsstunden können als Vigilanz-
situationen bezeichnet werden.
In: Minsel/Pallasch (s. unten)

PALLASCH, W.:   Schulische Gruppenaktivitäten sind ohne
Vorübungen stimulierbar.
In: Minsel, W.-R.; Pallasch, W. (Hrsg.):
Psychologie in der Schule, Bochum 1975

PALLASCH, W. (Hrsg.): Spiele? Spiele! Eine Zusammenstellung
gruppendynamischer Übungen, Kronshagen 1978

PREETORIUS, J.:   Knaurs Spielbuch, München 1953

REINHARDT, S.:   Zum Professionalisierungsprozeß des Lehrers.
Überlegungen zur Lehrer-Schüler-Interaktion
und ihrer Sozialisation, Frankfurt/M. 1972

SCHIEFER, H.; K. HALBRITTER: Die Kunst, Lehrer zu ärgern,
Reinbek bei Hamburg 1977

SCHNITZER, A.:   Lehrplanung und Unterrichtsgestaltung,
München 1977

SCHWALBACHER SPIELKARTEI, 1977

SAUTER, H.:   Modelle des schriftlichen Sprachgebrauchs
in der Grundschule, Donauwörth 1978

VESTER, F.:   Denken, Lernen, Vergessen, Stuttgart 1975

VESTER, F.:   Phänomen Streß, München 1978

WAGNER, A. (Hrsg.):   Schülerzentrierter Unterricht, München 1976

ZANDER, S.:   Deutschunterricht in der Grundschule,
Bad Heilbrunn 1977

ZECHLIN, R.:   Das kleine Spielbuch für Regen- und
                      Krankheitstage, Ravensburg 1951

ZORN, B.:   Die schönsten Spiele für die ganze
                      Familie, Köln 1978